INTERFACES DO SAGRADO

JOSÉ CARLOS PEREIRA

INTERFACES DO SAGRADO
Catolicismo popular – o imaginário religioso
nas devoções marginais

EDITORA
SANTUÁRIO

DIRETOR EDITORIAL:
Marcelo C. Araújo

COORDENAÇÃO EDITORIAL:
Ana Lúcia de Castro Leite

COPIDESQUE:
Mônica Reis

REVISÃO:
Leonardo do Nascimento Meira

DIAGRAMAÇÃO:
Simone Godoy

CAPA:
Vinicio Frezza/Informart

Dados Internacionais de Catalogação na Publicação (CIP)
(Câmara Brasileira do Livro, SP, Brasil)

Pereira, José Carlos
  Interfaces do sagrado: catolicismo popular: o imaginário religioso nas devoções marginais / José Carlos Pereira. – Aparecida, SP: Editora Santuário, 2011.

  ISBN 978-85-369-0245-6

  1. Brasil – Usos e costumes religiosos 2. Catolicismo 3. Cultos 4. Igreja Católica – Brasil 5. Religião e sociologia I. Título.

11-08297   CDD-306.6

Índices para catálogo sistemático:

1. Brasil: Devoções marginais dentro do
catolicismo popular: Sociologia da religião
306.6

Todos os direitos reservados à **EDITORA SANTUÁRIO** – 2011

Composição, CTcP, impressão e acabamento:
EDITORA SANTUÁRIO - Rua Padre Claro Monteiro, 342
12570-000 — Aparecida-SP — Fone: (12) 3104-2000

As religiões sempre criam uma espécie de ideal em direção ao qual se alcançam os hinos, os votos, os sacrifícios, e que as interdições protegem.

(Marcel Mauss, 2003, p. 59)

Sumário

Introdução 9

1. O imaginário devocional urbano 19
2. Territorialização ou (des)territorialização
   do espaço sagrado? 23
3. Devoções marginais 29
4. Devoções emergentes 37
5. O culto aos "santos" de cemitério 47
6. Gênero e devoção marginal 71
7. *Devotio pueris*: veneração às almas de crianças ...95
8. O culto a objetos milagrosos 115
9. Interfaces da devoção marginal: a Violência e o Sagrado 123
10. Funções sociais do sacrifício nas devoções marginais 137

Conclusão 143

Bibliografia 147

Introdução

A finalidade desta obra é abordar a realidade social das devoções tidas como marginais dentro do catolicismo popular brasileiro. Segundo Marcel Mauss, "na realidade, tudo aquilo que é social é, ao mesmo tempo, simples e complexo"[1], portanto, a aparente simplicidade do tema esconde um emaranhado de situações que só percebemos quando mergulhamos nesse campo religioso complexo e cheio de movimentos e abstrações. Então nos damos conta da complexidade dessa realidade social. Mas é o próprio Mauss quem nos anima a prosseguir quando afirma que "é sobre matéria concreta e cheia de movimento que a abstração do sociólogo se exerce e pode legitimamente exercer-se".[2] Diz ele que nesse estudo de *realidades sociais* – simples e ao mesmo tempo complexas, como esta das devoções marginais –, um estudo da prece poderá ilustrá-las.[3] Seguindo seus conselhos, estudaremos aqui, entre outras coisas, as mais variadas formas de preces que são praticadas

---

[1] MAUSS, Marcel. A prece. In *Ensaio de Sociologia*, p. 230.
[2] Idem.
[3] Idem.

no interior das devoções marginais, dentre elas as modalidades ou formas sugeridas por Mauss, que nos auxiliam a entrar na complexidade dessa categoria de devoção do catolicismo brasileiro.

A prece é uma das maneiras de oração no catolicismo popular e, segundo Mauss, "tem sua grande importância intrínseca". Concordamos ao descobrir que, de fato, "ela é um dos fenômenos centrais da vida religiosa" e, aqui, um fenômeno central das devoções marginais. Dedicaremos boa parte deste trabalho ao estudo desse "fenômeno central" na categoria devoção.

Outro aspecto que abordaremos no decorrer deste trabalho refere-se às classificações de determinadas categorias e conceitos que envolvem os fenômenos religiosos do catolicismo popular. Dentre elas, a já apontada classificação de *devoção marginal* e *emergente* e as classificações de conceitos como *espaço e território sagrado*, bem como *territorialização* e *desterritorialização* desses espaços. São nesses espaços sagrados que os fiéis constroem, projetam e localizam suas representações do mundo sensível. A classificação aqui funciona como um recurso didático para explanar sobre a temática escolhida e é também Mauss quem nos aponta as justificativas de tais classificações. Mauss, referindo as concepções dos lógicos e dos psicólogos, afirma que os mesmos "aceitam como simples ou inato, ou ainda como instituído unicamente pelas forças do indivíduo, o procedimento que consiste em classificar os seres, os acontecimentos, os fatos do mundo em gênero e em espécies, em subordiná-los uns aos outros, em determinar suas relações de inclusão e exclusão".[4] Quaisquer que

---

[4] MAUSS, Marcel e DURKHEIM, Émile. Algumas formas primitivas de classificação. In *Ensaios de Sociologia*, p. 400.

sejam as relações classificatórias ou as explicações que se deem às classificações, segundo Mauss, "elas não deixam de se apresentar como um produto da atividade individual".[5] O indivíduo necessita classificar para poder operacionalizar seu entendimento sobre o objeto classificado.

Ao classificarmos aqui algumas categorias de devoções e de conceitos, procuramos, como quer Mauss, "ordená-las em grupos distintos entre si, separados por linhas de demarcação nitidamente determinadas".[6] Esses grupos, embora aparentemente distintos, possuem entre si estreitas ligações, que formam uma cadeia de relações dentro da vida religiosa. Não há nessas relações "um abismo intransponível", como pode parecer à primeira vista, mas sim elementos que as aproximam, a ponto de, como aponta Mauss, confundi-las ou até reclamar o direito de explicá-las umas às outras. Nesse caso, as classificações auxiliam no processo que distingue as manifestações religiosas dentro de distintos espaços sagrados e não confundi-las, como se fossem todas iguais, pois as mesmas nem sempre têm contornos fixos e definidos, como quer a nossa concepção de classe[7], a qual apontou Mauss nos seus estudos das representações coletivas. O que procuramos aqui, ao classificar alguns elementos do catolicismo popular, não é apenas separar tais elementos por grupos categorizados, mas dispor esses agrupamentos, seja de conceitos ou tipologias, segundo relações espaciais, que favoreçam a compreensão tanto de um como de outro, dentro de um mesmo conjunto da vida religiosa e, aqui, da vida religiosa marginal.

---

[5] Idem.
[6] Idem.
[7] Idem.

Sabemos que essa forma de classificação, como afirma Mauss, implica, como toda classificação, em "uma ordem hierárquica da qual nem o mundo sensível nem nossa consciência nos oferecem modelo".[8] Toda classificação é, sem dúvida, uma hierarquização de elementos, segundo características e valores e, aqui, a nossa forma de classificar não fugiu à regra. As tipologias de devoções obedecem a uma ordem hierárquica explícita dentro da religião católica e da instituição detentora dessa religião: a Igreja.

Outro aspecto importante de se destacar nesta obra, em qualquer uma das categorias de devoções aqui analisadas, são os "sistemas de trocas simbólicas"[9] que existem entre o fiel e o santo. Há várias categorias de troca nessa relação virtual entre o imanente e o transcendente, mas as mais evidentes são os votos e os ex-votos, ou seja, a promessa e o pagamento da mesma, que têm diversas funções, e uma delas é a de estreitar os laços entre o fiel e o santo. O texto de Mauss sobre *Dom, contrato, troca*[10], ajuda-nos na reflexão do tema. Mauss fala de troca entre grupos humanos, ou seja, tribos, clãs, fratrias. Aproveitamos alguns desses importantes elementos apontados por Mauss para fazer uma análise comparativa de relações similares que ocorrem no âmbito religioso não entre pessoas, mas sim entre uma pessoa e uma divindade, nesse caso, os santos de devoção, ou seja, entre o real e o imaginário religioso.

---

[8] Idem., p. 403.
[9] BOURDIEU, Pierre. *A Economia das Trocas Smbólicas*, p. 102.
[10] MAUSS, Marcel. Dom, contrato, troca. In *Ensaios de Sociologia*, p. 351-372.

Mauss, ao referir-se à festa do *potlatch* (que quer dizer distribuição dos bens), nas sociedades dos índios *Haida* e *Tlinkit*[11], afirma: "[...] a dívida assim contraída deve ser quitada a uma taxa usuária sem o que o chefe do clã devedor perde seu nome, suas armas, seus totens, sua honra, seus direitos civis, políticos e religiosos [...]".[12] Na relação da promessa entre o fiel e o santo, que se dá de maneira contratual, o fiel contrai uma dívida que deve ser quitada em tempo hábil, como qualquer outra dívida contraída entre pessoas ou grupos sociais. Se isso não ocorrer, o fiel perde sua credibilidade com o santo, além de correr o risco de ser punido pelo mesmo. Se, na constatação de Mauss, "o chefe do clã devedor perde nome, armas, totens, honra, direitos civis e religiosos", nos casos aqui analisados não é o "chefe" da comunidade do fiel que recebe as punições de perdas – até porque, nessa categoria de devoção, quase não existem laços comunitários –, mas é o próprio fiel, que contraiu a dívida com o santo, que recebe as punições. Em primeiro lugar, o contrato ou a promessa com o santo funciona como um tabu. O rompimento desse interdito acarreta no imaginário do fiel o sentimento de ser punido pela divindade. Mas o que seriam essas punições? A punição é uma espécie de castigo que o santo aplica ao fiel devedor. Entre tantos exemplos, lembremos o da romeira de Cachoeiro do Itapemirim-ES que, em 1998, contou-nos sobre uma promessa feita por sua vizinha a São Lázaro, para que curasse a ferida de sua perna. Depois que recebeu a

---

[11] SELIGMANN, C. G. *The Melanesians of British New Guinea*, Cambridge, 1910. In Marcel MAUSS. *Ensaio de Sociologia*, p. 353.
[12] MAUSS, Marcel. Dom, contrato, troca. In *Ensaio de Sociologia*, p. 354.

cura, disse que a vizinha não cumpriu a promessa e a doença voltou com maior gravidade. Segundo a romeira, a vizinha se arrependeu, mas já era tarde. E completou: "Deus, a gente não engana".[13]

É um modo de retirar a graça concedida ao fiel e penalizá-lo de alguma maneira. "Não se brinca com os santos", disse a romeira, acreditando que a volta do problema da vizinha era pelo não cumprimento do contrato com o santo. A promessa é uma dívida levada a sério pelo fiel, seja nas devoções convencionais ou marginais. Além disso, aquele que não paga a promessa perde a credibilidade com o santo, e da próxima vez não será mais atendido. Esse tipo de troca não é uma relação econômica, mas simbólica. Podemos comparar ao que Mauss propôs chamar de *economias naturais* ou *sistemas das prestações totais*[14], com a diferença de que, na proposta de Mauss, tais contratos e trocas ocorrem não de forma individual, como ocorre na relação fiel e santo do catolicismo popular, mas "nas coletividades, nos clãs, nas famílias, que se comprometem entre si, amiúde sob forma de aliança perpétua, em particular a propósito do casamento, da aliança no sentido pleno da palavra".[15] Todos esses rituais são pactuados nas sociedades analisadas por Mauss. Nos casos do catolicismo popular alguns desses elementos são também objetos de contrato, mas de forma individual, e raras vezes envolvem mais de uma pessoa. O que se evidencia é o caráter espiritual de troca.

---

[13] PEREIRA, José Carlos. *Sacra Facere*. Expressões corporais no catolicismo de *folk*, p. 29.
[14] MAUSS, Marcel. Dom, contrato, troca. In *Ensaio de Sociologia*, p. 356.
[15] Idem.

As relações de troca, ou de contrato, que existem no catolicismo popular, envolvem uma série de significados simbólicos, criando uma íntima relação entre o fiel e o santo. É um caráter de poder sobre o outro, como afirmou Mauss ao analisar numerosas sociedades que desenvolviam entre si relações de trocas e de dons. De acordo com Mauss, "essas trocas e esses dons de coisas que ligam as pessoas se efetuam a partir de um fundo comum de ideias: a coisa recebida como Dom, a coisa recebida em geral compromete, liga de maneira mágica, religiosa, moral e juridicamente o doador e o donatário. [...] confere ao doador poder sobre o outro que aceita".[16] A promessa – o pacto ou o contrato com o santo – possibilita gerar ligações imaginárias. A graça é recebida como Dom que a divindade concede ao fiel pela fidelidade ao pacto. Cria-se uma relação de dependência do santo, o que Mauss chama acima de *ligação mágica*. Apesar do contrato estar no âmbito religioso, ele perpassa não só a dimensão religiosa, mas toda a vida social do fiel. É uma relação de poder que o santo confere sobre o fiel.

Outra abordagem comparativa que faremos aqui, ao analisarmos as devoções marginais, é sobre outro tipo de contrato entre fiel e santo, que envolve sacrifício. Não o sacrifício de animais ou pessoas, mas as práticas de ritos de autoflagelação, de castigo do corpo até os limites da resistência, de atos penitenciais que privam o corpo de algo prazeroso, ou, ainda, a prática de determinados rituais que provocam dor, em troca de benefícios, dons ou graças concedidas pelo santo. Para essa análise recorremos também aos conceitos de Marcel Mauss e

---

[16] Idem., p. 365.

René Girard. Mauss, no texto *Ensaio sobre a natureza e a função do sacrifício*[17], aponta três características ou funções do sacrifício: o sacrifício-Dom, o sacrifício-alimento e o sacrifício-contrato.[18] Faremos aqui, com as práticas sacrificiais nas devoções marginais, a comparação com esse último modelo; o sacrifício como forma de pagamento de um contrato com o santo. Esse ritual, ou forma de pagamento, segundo Mauss, destina-se a fazer chegar até os seres espirituais – e, nesse caso, Deus – as coisas espiritualizadas por meio dos ritos sacrificiais. Isso, segundo ele, ajuda a conferir ao fiel direitos sobre seu Deus ou sobre os santos. Os sacrifícios serviam, e acreditamos que ainda tenham tal serventia, para alimentar as divindades. Visto dessa maneira, o sacrifício se enquadra naquilo que Mauss classificou de "sacrifício-alimento". As três categorias de sacrifícios estão intimamente ligadas, mas não faremos aqui distinções diretas entre elas, apenas focalizaremos aquilo que é essencial e evidente nas práticas sacrificiais das devoções marginais.

Para adentrarmos nessa categoria de devoção do catolicismo popular brasileiro, criaremos, a princípio, uma breve abordagem sobre o imaginário devocional urbano, destacando a liberdade religiosa que existe nas bases da religião católica, que possibilita o fiel transitar livremente no campo religioso sem se preocupar com as fronteiras das religiões. Pratica-se naturalmente rituais que reúnem elementos de diversas religiões, sem que isso interfira na sua identidade de católico. Talvez esse seja o espaço onde

---

[17] MAUSS Marcel. Ensaio sobre a natureza e a função do sacrifício (1899). In *Ensaio de Sociologia*, p. 141-227.
[18] Idem.

mais se evidencia o sincretismo religioso, que transparece nas preces, nas oferendas e nos ritos sacrificiais oferecido aos santos ou às almas, também consideradas "santas".

Essa constatação levou-nos a abordar os conceitos de *territorialização* e *(des)territorialização* dos espaços sagrados. Aqui, a igreja (templo) deixa de ser o lugar exclusivo das práticas devocionais. Surgem novos espaços para as manifestações e vivência da religião: ruas, capelas de beira de estradas, parques, estádios e, principalmente, os cemitérios, aos quais dedicamos grande parte deste trabalho. São todos esses espaços, ou territórios, como convencionamos denominá-los, *lócus* das devoções marginais. Espaços livres de cerceamentos, como são livres as práticas religiosas. Aqui as instituições não interferem e os fiéis podem expor a criatividade da imaginação religiosa. Neles florescem também o que chamamos de *devoção emergente*: o culto aos santos que atendem às necessidades específicas de diversas modalidades e com a eficácia que as demandas do mercado exigem.

O principal perfil das devoções marginais é o culto aos santos de cemitério, que dividimos neste livro em categorias: devoção às almas de homens, de mulheres e de crianças. Cada uma com sua característica, de acordo com cada caso, mas sem perder as similaridades entre elas. Esses elementos comuns, que existem no culto às almas, serão fundamentados nas referências encontradas nas obras de Marcel Mauss, Émile Durkheim e René Girard.

Com estreito vínculo ao tema das devoções de cemitério, estão outros dois, também intimamente ligados: *gênero* e *violência*. Iremos refletir aqui, referendados nas teorias de René Girard, sobre esses dois temas associados ao sagrado. Retomamos dados de alguns órgãos de pesquisa sobre a violência contra a mulher e cruzamos com as informações recolhidas sobre as devoções às almas de pessoas (maioria mulheres) que também foram vítimas de violência. A partir desses cruzamentos de elementos, visualizamos o sagrado na sua interface.

Por fim, e de forma lacônica, destacamos a função social de algumas práticas que permeiam essa categoria de devoção. Uma delas é a de atos sacrificais, comuns nas devoções de cunho marginal.

1. O Imaginário Devocional Urbano

Imaginário é aquilo que pertence ao domínio da imaginação. É a reunião de elementos pertencentes ou característicos do folclore, da vida, seja de um grupo de pessoas, um povo ou uma nação. No universo da psicanálise, segundo teoria de Jacques Lacan, o imaginário é um dos três registros essenciais (juntamente com o real e o simbólico), o qual se caracteriza pela preponderância da relação com a imagem do semelhante (cf. Houaiss). Imaginário, portanto, pode ser entendido por "imagens" que povoam as ideias ou a mente de pessoas ou grupos específicos e que são vistas, a partir desses, como axiomas que norteiam suas ações comportamentais. O caso aqui pesquisado refere-se ao imaginário religioso, o devocional urbano, mola propulsora que oferece ao fiel a possibilidade de transitar livremente por distintos espaços, sacralizando-os com seus símbolos sagrados.

Segundo Armando Silva "refletir sobre os comportamentos sociais, desde os imaginários, implica em perceber matrizes preconceituais a partir das quais se percebe o mundo".[19] O univer-

---

[19] SILVA, Armando. *Imaginários Urbanos*, p. 10.

so das devoções populares no mundo urbano de uma metrópole como São Paulo aponta para uma gama de manifestações, muitas vezes imperceptíveis e, por isso, quase impossível de serem catalogados, dado suas mais diversas características e formas de expressões. Mapeamos duas delas e as classificamos como *devoção marginal* e *devoção emergente*. Ambas permeiam os mais distintos espaços da vida urbana, desde os recantos silenciosos das igrejas tradicionais do centro velho de São Paulo e bairros tradicionais até as ruas mais movimentadas, praças, parques e centros comerciais. Ambas as categorias apontadas acima podem povoar o imaginário de pessoas ou grupos, mas não necessitam uma da outra.

Marginal é aquele tipo de devoção que não necessita da estrutura eclesial para existir. Como o próprio nome diz, existe à margem das devoções oficiais, como veremos detalhadamente mais adiante. Já a emergente pode muito bem depender da instituição católica, mas não necessariamente obedece a padrões estipulados pela mesma. É a devoção da moda, a que emergiu nos últimos anos e ganhou um número significativo de adeptos. Pode se manifestar por meio de rituais, gestos, símbolos direcionados a um santo desconhecido ou tradicional, mas que, de alguma maneira, estava no esquecimento. A devoção marginal é geralmente praticada por pessoas da classe baixa, também marginalizadas de alguma forma, enquanto a devoção emergente pode ter praticantes em todas as classes sociais – o termo emergente é um conceito utilizado para a análise das relações de classes que aqui tomamos emprestado.

O que há de comum no imaginário do devoto, seja ele rico ou pobre, é a eficácia simbólica do objeto devotado. É uma forma livre, autônoma, de manifestar a religiosidade sem precisar de vínculos com uma comunidade específica. Comunidade representa não só vínculo, mas laços afetivos humanos, em que o fiel precisa manter relações sociais com regras estabelecidas. Isso o faz conhecido, e não combina com a realidade de uma metrópole, que propicia o anonimato e preza pela individualidade. Ambas as categorias de devoção favorecem o individualismo e o anonimato. É uma estreita relação que se dá apenas entre o devoto e o santo, sem a participação de terceiros.

O imaginário urbano devocional, diferentemente do imaginário das devoções de cunho agrário, do mundo rural, onde todos se conhecem, inclusive os locais em que se manifesta à fé, passa pelo referencial da liberdade religiosa. Rompe-se com "territórios sagrados", o que aqui chamamos de *(des)territorialização do sagrado*. Elimina-se a necessidade de um local específico ou estático para a manifestação religiosa, que pode ser praticada nessa ou naquela igreja, nos locais públicos, domésticos ou mesmo pela internet, que possibilita, além do anonimato, a rápida propagação das correntes de orações, dos pedidos e de outras práticas religiosas que envolvem um segmento da sociedade distinto dos que mandam imprimir ícones de Santo Expedito ou que pagam promessas com ex-votos. São os novos territórios sagrados, possibilitados pela era da globalização.

Os conceitos aqui expostos revelam o imaginário devocional urbano de distintas classes sociais, sem vínculos comunitários, que não se ocupam apenas dos territórios sagrados convencionais, mas possibilitam a mutabilidade desses espaços, muitos deles em locais inusitados.

2. Territorialização ou (Des)territorialização do Espaço Sagrado?

Sabemos que o conceito de território é geográfico. Corresponde, entre outras coisas, no âmbito político, "à área de uma jurisdição, [...] uma extensão ou base geográfica do Estado, sobre o qual ele exerce a sua soberania, e compreende todo o solo ocupado pela nação [...]".[20] Compreende também a "área que um animal ou grupo de animais ocupa, e que é defendida contra a invasão de outros indivíduos da mesma espécie".[21] Com estreitos laços sinonímicos encontra-se a terminologia territorialização, que, no dizer de Maura Pardini Bicudo Véras, "diz respeito à ocupação de um determinado espaço por determinado grupo humano, constituído por algum critério social: etnia, raça ou cor, nacionalidade, condição socioeconômica, nível cultural e outros".[22] Nesses outros, incluímos a religião ou religiosidade, ou ainda o sagrado, como fato que, segundo Durkheim, funda o social. Grupos humanos que territorializam com elementos sa-

---

[20] Cf. Dicionário Houaiss da Língua Portuguesa.
[21] Cf. Idem.
[22] Cf. VÉRAS, Maura Pardini Bicudo. *DiverCidade:* Territórios estrangeiros como topografia da alteridade em São Paulo. São Paulo: Educ, 2003.

grados novos espaços. Sacraliza-se um território não considerado, a priori, sagrado.

Desses enunciados emergem questionamentos que norteiam nossas reflexões sobre vários conceitos, principalmente sobre o conceito de espaço sagrado e territorialização e (des)territorialização do mesmo, que podem transitar ou migrar com determinadas categorias ou grupos sociais que praticam formas alternativas de relacionamento com o fenômeno religioso. Será que a transposição em novos espaços referenciais ou símbolos sagrados, ou elementos de representações *hierofânicas*, ou ainda a reconfiguração do *éthos* religioso, configura uma (des)territorialização do sagrado ou amplia a sua territorialização? Sem prévias respostas a essa questão, concentramos numa categoria de devoção popular – classificada aqui de *marginal* – que possibilita ampliar a reflexão dessas interrogações pertinentes às ciências sociais e apontar pistas para a compreensão dessa devoção como fato social.

As ciências sociais, mais especificamente a antropologia e a sociologia, tomaram emprestado da geografia o termo referente ao território e seus derivados e cunharam o termo (des)territorialização, que passou a significar uma espécie de oposto de território, ou seja, uma aproximação da terminologia "desterro", que significa "a saída do domicílio habitual para outro [...]".[23] Um rompimento de fronteiras preestabelecidas que se expandem ou migram para outras áreas ou regiões – *fatos sociais,* num primeiro momento – estranhas àquela estirpe ou categoria de *lócus*.

---

[23] Cf. Dicionário Houaiss da Língua Portuguesa.

É um pouco isso que tentamos focalizar aqui com o conceito de (des)territorialização do sagrado. Abordamos uma categoria específica de catolicismo popular brasileiro, o catolicismo que concentra a devoção marginal, que sai do território e do espaço sagrado previamente estabelecido, conhecido e reconhecido pela sociedade, que são as igrejas, capelas, os santuários ou templos consagrados, para ocupar as fronteiras do profano e dos locais incomuns, como os cemitérios, os espaços às margens de rodovias ou outros locais não convencionais. É uma categoria de devoção que ainda não se sabe ao certo se fragmenta ou amplia os espaços sagrados. O que se sabe é que ela (des)territorializa aquilo que foi previamente territorializado, demarcado e defendido contra a invasão de outros elementos, principalmente no que tange ao profano. A manifestação religiosa em espaços públicos, fixando símbolos, recria tais espaços e possibilita refletir sobre o binômio territorialização e (des)territorialização do sagrado. Nesses novos espaços encontra-se o que classificamos como devoção marginal.

Segundo Zeny Rosendahl, "espaços sagrados são espaços qualitativamente fortes, onde o sagrado se manifestou. E para o homem religioso essa manifestação pode estar contida num objeto, numa pessoa, em inúmeros lugares".[24] Na maioria dos casos aqui analisados, o sagrado se manifesta nos cemitérios. Essa manifestação está contida nos chamados túmulos dos "santos milagreiros". O fiel, diante desse espaço, fixa ou instala parâmetros religiosos e, segundo Mircea Eliade, "instalar-se num território equivale, em instância, a consagrá-lo".[25]

---

[24] ROSENDAHL, Zeni. "Porto das Caixas: espaço sagrado da Baixada Fluminense". Tese de doutorado apresentada no Departamento de Geografia da Faculdade de Filosofia, Letras e Ciências da USP, São Paulo, 1994, p. 30.
[25] ELIADE, Mircea. *O Sagrado e o Profano: A essência das religiões*, p. 36.

Essa modalidade de manifestação religiosa – que não é só prerrogativa do catolicismo, mas de um grande número de religiões emergentes, principalmente os chamados novos movimentos religiosos – recria espaços para a manifestação religiosa e os sacralizam. As práticas religiosas são transmutadas para estádios de futebol, ginásios de esportes, salões de festas e muitos outros espaços que não estão necessariamente relacionados no imaginário religioso ao sagrado.

Mas como o sagrado é reconhecido nesses territórios não sagrados? Mircea Eliade diz que "o homem toma conhecimento do sagrado porque se manifesta, se mostra como algo absolutamente diferente do profano".[26] Ao transportar as manifestações sagradas para o espaço do profano, esse ganha dimensões sagradas porque nele se instalou algo distinto. A mesma pessoa que vai assistir ao jogo de seu time no estádio porta-se de maneira completamente distinta quando esse mesmo estádio abriga um ato religioso. Ocorre momentaneamente não só a desconstrução do espaço profano, mas também a desconstrução de representações simbólicas do ator social. Isso ocorre porque nesse espaço foi inserido elemento sagrado. Essa transmutação é fugaz, dura enquanto durar o ato religioso. A essas manifestações efêmeras do sagrado, em territórios não sagrados, Eliade propôs o termo *hierofania*. Diz ele que "esse termo é cômodo, pois não implica nenhuma precisão suplementar"[27], ou seja, "exprime apenas o que está implicado no seu conteúdo etimológico, a saber, que algo de sagrado se nos revela".[28] Quando tais manifestações ocorrem nesses territórios não reconhecidos como sagrados, as mesmas possibilitam o reconhecimen-

---

[26] Idem., p. 17.
[27] Idem.
[28] Idem.

to do deslocamento do sagrado. Essa mutabilidade de espaços, propiciada pela *hierofania*, rompe as fronteiras dos tradicionais territórios sagrados, (des)territorializando-os. As manifestações do sagrado num espaço qualquer não exigem continuidade, pelo contrário, são marcadas pela descontinuidade do espaço, que abriga realidades não só distintas, mas contrárias.

Segundo Eliade, "o homem ocidental moderno experimenta certo mal-estar diante de inúmeras formas de manifestações do sagrado". Para muita gente é difícil aceitar que certas pessoas ou grupos possam manifestar sua religiosidade em locais profanos, como os que citamos acima, ou mesmo nos cemitérios, como os casos aqui abordados. Parafraseando as sugestões de Eliade, diríamos também que não se trata de uma veneração do território ou do espaço sagrado como um espaço qualquer, mas justamente porque ali se manifestam atitudes *hierofânicas*, que revelam algo que está além do espaço geográfico, ou seja, o sagrado.

Lembramos, como quer Eliade, que toda *hierofania*, até a mais elementar, constitui paradoxos.[29] Manifestando o sagrado num espaço profano, seja ele qual for, torna-se outro espaço, sem contudo deixar de ser ele mesmo, porque continua a participar do meio cósmico envolvente. Segundo Eliade, "para aqueles que a seus olhos o espaço se revela sagrado, sua realidade imediatamente transmuda-se numa realidade sobrenatural". "Para aqueles que têm uma experiência religiosa, toda a natureza é suscetível de revelar-se como sacralidade cósmica"[30], não importando o espaço. É um pouco isso que ocorre com as chamadas devoções marginais, aqui analisadas.

---

[29] Idem., p. 18.
[30] Idem.

3. Devoções Marginais

Já tivemos oportunidade de, em estudos anteriores[31], analisar o termo devoção, diferenciando-o de espiritualidade. Neste trabalho, pretendemos não nos ater muito na definição conceitual, mas adentrar nessa categoria de devoção popular, que ocupa o imaginário católico urbano, e elencar as manifestações com o sagrado. São alguns tipos de devoções que categorizamos como "marginais". Marginal porque existem e subsistem às margens da Igreja Católica oficial, muitas vezes sem o seu conhecimento ou reconhecimento, mas que são praticadas por fiéis que, nas pesquisas censitárias, se denominam católicos.

Tal identificação pode ocorrer por diversos fatores; porque foram batizadas nessa religião ou porque, de certa forma, frequentam os templos católicos, ou porque o catolicismo ainda é a religião da maioria, ou ainda porque a religião católica continua sendo um *fato social* inclusivo. Segundo dados do último Censo, no Brasil, 73,7% continuam se identificando como católicos. Na região metropolitana de São Paulo esse número chega

---

[31] Cf. PEREIRA, José Carlos. *A Eficácia Simbólica do Sacrifício – Estudos das devoções populares*, p. 83-89; cf. também, *Sacra Facere. Expressões corporais no catolicismo de folk*, p. 19-34.

a 68,11%[32], o que corresponde a 7.107.261 pessoas, segundo dados de alguns órgãos de pesquisas.[33] Desse número, grande parcela cultiva devoções ditas "marginais", como o culto a objetos, almas ou santos já extintos do calendário católico, ou ainda "santos" não reconhecidos oficialmente (canonizados), mas declarados "milagreiros" pelos devotos, como nos casos de Frei Damião e de Padre Cícero Romão Batista, em Juazeiro do Norte, Ceará. Padre Cícero é, para os devotos, inquestionavelmente santo, como nos mostra a descrição sobre a romeira devota de *Padim Ciço*, como é carinhosamente chamado pelos fiéis.

Uma vez por semana, Maria Neide Ribeiro Leite, de 60 anos, caminha dez minutos até a Capela de Nossa Senhora do Perpétuo Socorro, onde está o túmulo do padre. "Levo uma rosa branca, deposito nos pés dele e faço uma reza", diz. "Todos os meus problemas entrego a ele. Peço que me ajude, me oriente, me dê uma luz."[34]

Essa é uma das inúmeras devoções no Brasil que se enquadra na categoria de marginal, ou seja, devoções de cemitério. O padre não é reconhecido como santo pela Igreja Católica oficial nem os fiéis o chamam diretamente de santo, mas ninguém que o procura duvida de sua santidade. Enquanto vivia, Padre Cícero foi até afas-

---

[32] Fonte: Censo IBGE 1991 e 2000, Cepid-Fapesp/CEM-Cebrap. In *Folha de S. Paulo*, 9 de fevereiro de 2004.
[33] Cf. Censo IBGE/2000, Cepid-Fapesp/CEM-Cebrap. In *Folha de S.Paulo*, Caderno Brasil, p. A-6, 19, julho de 2004.
[34] BANDEIRA, Giuliana. *Padre Cícero – Juazeiro do Norte, no Ceará*. In Catolicismo: Festas Populares. *Revista das Religiões*, São Paulo: Abril, Ano 1, n. 1, maio de 2003, p. 47.

tado de suas funções religiosas pela Igreja, entretanto os devotos não dão a menor importância para esses "fatos políticos", como definem alguns. "O importante é que ele foi bom e faz milagres!", afirma categoricamente José Raimundo, morador da região. O local onde ele está sepultado é centro de peregrinação, reforçando as características da devoção às almas como uma devoção de muitos adeptos. A data da sua morte, 20 de julho, tornou-se motivo de peregrinação ao local. Todo dia 20 de cada mês são feitas muitas homenagens, oferendas, orações e preces ao "santo". Mas o dia de maior movimento é dia de finados. Nesse dia acontece a maior de todas as procissões, segundo relato dos dirigentes do santuário.

Há também, como veremos mais adiante, as devoções aos ditos santos emergentes, como Santo Expedito e Santa Edwiges, que são devoções antigas, mas que nos últimos anos ressurgiram com muita força nos grandes centros urbanos. A desses santos, cujas devoções ressurgem, classificamos como devoções emergentes. Junto a essas, aparecem as devoções aos santos especialistas. Entre esses, sobressaem os que atendem às causas impossíveis, como São Judas, Santa Rita de Cássia e tantos outros, como já abordamos em pesquisas anteriores. São santos que voltam a estar "na moda" e fazem "sucesso" entre os devotos, desbancando santos tradicionais do catolicismo romano.

Para a melhor compreensão do tema ora abordado, explanaremos brevemente alguns conceitos aqui utilizados, começando pelo termo *devoção*, acentuando as variantes no emprego do termo. Segundo *Houaiss*[35], devoção "é um apego sincero e fervoroso a Deus ou aos santos, sob forma litúrgica ou por práticas regulares privadas". Mais adiante, diz-se que devoção corresponde também à "observância das práticas inspiradas por esse zelo

---

[35] Cf. Dicionário Houaiss da Língua Portuguesa. Verbete "devoção", p. 1026.

religioso", ou ainda *dedicação zelosa* e *escrupulosa*. Concordamos, em parte, com tais definições, e mostraremos o porquê de, em outras partes, discordarmos.

A definição de devoção apontada acima pelo Houaiss é ampla e engloba o aspecto genérico do conceito. Neste trabalho ela ganha particularidades. Além de possuir algumas das características acima elencadas, especifica-se numa determinada categoria, classificada aqui de *marginal*. A *devoção marginal* mantém, sim, um apego sincero e fervoroso, mas mais aos santos do que a Deus. Deus, nessa categoria de devoção, é algo distante, inacessível, inatingível e ininteligível. Essa inacessibilidade faz com que o fiel busque meio alternativo para acessá-lo. O meio eficaz passa a ser os santos, "pessoas mais próximas de Deus", como dizia-nos uma senhora devota de Santa Rita.

João José Reis afirma que nessa devoção os santos ganham precedência sobre o Deus Todo-Poderoso[36]. Para se ter acesso a ele necessita-se de mediadores que fazem essa "religação" entre o fiel e a divindade suprema. Os santos, nesse caso, são entidades importantes para o contato divino e funcionam como advogados dos devotos, algo com semelhanças na relação que existe entre os praticantes das religiões afro, onde a hierarquia sagrada é bastante evidente entre os orixás.

Os santos, uns com mais, outros com menos, são possuidores de habilidades ou eficácias específicas na missão incumbida com o fiel, agindo como portadores do pedido. Daí a segmentação ou especialização dos santos em determinados tipos de trabalho ou função. As habilidades têm estreitos vínculos com o que foram na terra, ou com alguma situação vivida que os habilitou

---

[36] REIS João José. *A Morte É uma Festa*. Ritos fúnebres e revolta popular no Brasil do século XIX, p. 59.

diante de Deus para tal ofício. Essas atribuições específicas aos santos lembram o campo da medicina, no qual quase desaparece o clínico geral para dar lugar aos médicos especialistas. Ocorre como que uma transferência de valores da área da saúde para o campo religioso. Aos poucos caem no esquecimento santos que atendiam a todo tipo de pedido e ressurgem os que atendem às áreas específicas, seja da saúde, da economia ou das relações sociais ou afetivas. Na devoção popular, há santos para todas as causas e situações. O devoto necessita saber de tais "eficácias" ou "especializações" para pedir a coisa certa, ao santo certo e na hora certa. Caso contrário, corre-se o risco de pedir e não ser atendido, como afirmou a devota de São José, Maria Rosa[37]:

> Vivia pedindo para Santo Antônio proteger minha família e parece que quanto mais pedia, mais dava errado. Depois de uma amiga aconselhar para eu pedir a São José, protetor das famílias, as coisas mudaram. São José está agora presente na minha vida e na vida da minha família [...].

Maria Rosa tem razão. Na igreja que participa, há a *Irmandade de São José,* com um número significativo de adeptos. Eles se reúnem uma vez por mês para celebrar a devoção ao santo. É um grupo de fácil identificação: cada membro traz no pescoço uma fita amarela e se incumbe dos cuidados do altar dedicado ao santo, na capela lateral da igreja, e de outros afazeres vinculados ao santo. Em pesquisas feitas entre os anos de 1996/1999[38], sobre igrejas e

---

[37] Nome fictício da devota de São José.
[38] Pesquisa desenvolvida na PUC-SP, no Programa de Pós-Graduação em Ciências da Religião, 1997/1999.

capelas dedicadas aos santos na região metropolitana de São Paulo, descobriu-se que as que levam o nome de São José eram maioria. Portanto, não é só na comunidade de Maria Rosa que o santo tem adeptos, mas em toda a região metropolitana de São Paulo. É considerada uma devoção clássica que têm livre trânsito entre o oficial e o marginal. Isso revela a popularidade desse santo. São José não é um santo de devoção marginal, mas está entre os santos mais cultuados pelo povo, tanto do universo urbano como no rural.

A *devoção marginal* não se caracteriza por formas litúrgicas oficiais, como afirma a definição do *Houaiss*, mas pela fidelidade entre o devoto e o santo. Não há preocupação com a mediação (aprovação ou desaprovação) da Instituição Igreja. Ela flui naturalmente segundo normas preestabelecidas pelos fiéis, que podem ser seguidas ou não por outros grupos ou indivíduos. No caso de São José, a Igreja Católica estipula parâmetros à devoção com datas específicas e dedica uma liturgia oficial, o que não quer dizer que seja religiosamente seguida por todos os devotos do santo. No caso das devoções marginais, elas são encaixadas pelos fiéis em datas oficiais – ou não – do calendário católico.

Dentre as devoções marginais mais conhecidas está a devoção às almas. Tal devoção é praticada em qualquer lugar, seja nos espaços sagrados tradicionais, como nas igrejas, ou no interior dos lares, nos marcos referenciais às margens de avenidas, ruas, estradas ou rodovias, onde alguém foi vítima fatal de acidente. Nesses locais é comum construir pequenas capelas ou erigir cruzes que demarcam um espaço sagrado. Ali se acendem velas, faz-se orações pelas almas e o espaço é adornado com outros símbolos sagrados (imagens de santo, terço, flores etc.). Fazendo uso das constatações de Marcel Mauss, diríamos que o imaginário das pessoas que praticam devoções marginais, rezando pelas almas ou exercendo outro ritual simbólico qualquer, direcionado à alma de uma pessoa vítima de acidente, "está completamente impregnado pela crença na eficácia das palavras, no perigo de atos sinistros. Elas também estão infinitamente preocupadas com uma espécie de mística da paz da alma".[39] Muitos acreditam que a alma da pessoa falecida de forma trágica, seja em acidente, assassinato ou suicídio, necessita de certos rituais para que descanse em paz. Segundo Mauss, "é assim que a confiança na vida se perde definitivamente ou readquire seu equilíbrio por meio de um auxiliar, mágico ou espírito protetor, cuja natureza é ela própria coletiva como o é também a ruptura de equilíbrio".[40]

Mais adiante, com exemplos ilustrativos, apresentaremos essa categoria de devoção praticada nos espaços dos cemitérios ou em locais relacionados com a morte.

---

[39] MAUSS, Marcel. "Definição de sugestão coletiva da ideia de morte". In *Sociologia e Antropologia*. São Paulo: Cosac & Naify, p. 357.
[40] Idem.

4. Devoções Emergentes

Dentre as inúmeras devoções marginais urbanas estão aquelas que não necessitam da igreja para serem vivenciadas. São devoções a santos nômades, que não têm lugar fixo, e que são marcados pelo aspecto itinerante. Existem independentemente do território, do templo, ampliando e às vezes confundindo as fronteiras entre sagrado e profano. Caso típico é a devoção a Santo Expedito. Esse santo enquadra-se em outras categorias além da marginal. É uma típica *devoção emergente*. Expedito é um santo medieval que esteve há muito tempo no anonimato dentro do catolicismo e que, nas últimas décadas, ganhou o campo religioso católico popular urbano, com visibilidade nos espaços públicos ditos "profanos" ou seculares, como ruas, praças ou quaisquer outros lugares abertos, sempre onde há circulação de grande número de pessoas. Em época de eleição, disputa os espaços com candidatos entre cartazes, "santinhos" e faixas anexadas aos postes de luz e árvores, repletas de agradecimento ao santo pela graça recebida.

As características da *devoção emergente* englobam o aspecto marginal e oficial. Marginal porque não está no centro das celebrações do calendário da Igreja Católica e oficial porque é reconhecida pela mesma. Caracteriza-se também pela propaganda feita pelo devoto. Além das faixas e cartazes nas ruas, é comum mandar confeccionar "santinhos", que depois serão distribuídos nas igrejas. Eles são colocados em lugares estratégicos, como nas entradas, nos primeiros bancos, nos altares laterais ou em lugares onde as pessoas possam ter acesso. Marca dessa devoção é o anonimato de quem divulga – característica da vida numa metrópole como São Paulo. Ninguém sabe quem deixou ali tais "santinhos", tampouco quem os levou e para onde os levou. O que se sabe é que eles se propagam com a mesma velocidade com que se move a vida nas ruas de uma metrópole caótica, marcada pela invisibilidade dos transeuntes e pela urgência dos acontecimentos. Santo Expedito, o santo emergente das causas urgentes.

As devoções marginais urbanas, que sobrevivem e se propagam pela divulgação dos devotos, são marcadas pela busca de milagres, fórmulas mágicas de se obter algo por meio de pedidos ou dádivas do fiel ao santo. Essas fórmulas funcionam com promessas (votos), que vão desde a confecção de objetos (ex-votos) até a prática de rituais, com o propósito de chamar a atenção do santo ao qual a promessa foi feita. Essas práticas englobam pequenos gestos, como a reprodução de "santinhos", e também fenômenos religiosos de profundos significados, como as preces ou os atos de sacrifício que compreendem o castigo físico do corpo do fiel.

Entre esses gestos, vamos nos ater mais à prece, presente em todas as manifestações religiosas, populares ou não, mas que na devoção marginal ganha significados simbólicos que revelam, como quer Marcel Mauss, "de maneira imediata a impressão da vida, da riqueza e da complexidade"[41] desse fenômeno religioso presente no mundo urbano.

---

[41] MAUSS, Marcel. A prece. In *Ensaios de Sociologia*, p. 229.

Segundo Mauss, a história da prece tem uma trajetória maravilhosa na vida religiosa, pelo fato de ela partir das bases e elevá-la até o ponto mais alto. Essa prática religiosa apresenta manifestações que Mauss chama de *infinitamente flexíveis,* que revestem das formas mais variáveis o fenômeno religioso, revelando assim aspectos beligerantes e paradoxais de tais manifestações. Segundo ele, as manifestações podem ser "adorativas e constrangedoras, humilde e ameaçadora, seca e abundante em imagens, imutável e variável, mecânica e mental".[42]

Registramos, em ambas as categorias de devoções (tanto marginais quanto emergentes), algumas dessas características de que nos fala Mauss. A postura da prece adorativa na devoção emergente corresponde, como o próprio nome diz, numa atitude de adoração do fiel diante da imagem do santo. No silêncio da igreja vazia, numa tarde de segunda-feira, encontramos dona Maria das Dores, paulistana de 59 anos, que transita livremente naquilo que classificamos em outra obra de *catolicismo de folk.*[43] Uma categoria de catolicismo que engloba diversos tipos de devoção, inclusive a *marginal* e a *emergente*. Ela estava havia algum tempo ajoelhada diante da imagem de Santa Edwiges, numa espécie de êxtase contemplativo, em profunda adoração. Em seguida, levantou-se e seguiu para outro altar, onde se encontrava a imagem de Santo Expedito, depois repetiu o gesto diante da imagem de Santo Antônio e assim sucessivamente diante de quase todas as imagens. Em todas, dona Maria das Dores repetia o

---

[42] Idem.
[43] PEREIRA José Carlos. *Sacra Facere*: expressões corporais no catolicismo de *folk*., p. 19.

mesmo gesto: ajoelhava-se e permanecia por certo tempo, numa atitude de adoração. Quando estava para sair, perguntamos o porquê da contemplação em todos os altares, com santos tão distintos? Respondeu-nos:

> Porque são todos santos de minha devoção. Principalmente aquele (apontando para o altar de Santo Expedito). São santos poderosos, mas Santo Expedito é mais ágil no atendimento [...]; tudo o que peço com fé, recebo. Eu adoro esse santo, ele é o meu protetor. Já alcancei muita graça e venho aqui para agradecer.

Dona Maria das Dores é uma típica praticante das devoções emergentes. Não gosta muito de ir à missa, acha muito cansativa e disse não entender os rituais da mesma. Afirmou que prefere os seus rituais, rezar com os santos prediletos; um deles, Santo Expedito. Disse que sente a sua proteção em todos os lugares: no trabalho, no lazer, nas atividades domésticas... Que ele ajuda em suas causas urgentes. Revelou já ter feito várias faixas de agradecimento ao santo para colocar nas ruas e que, na sua casa, há um altar dedicado ao santo, onde todos os dias faz suas preces.

Outra característica, ou forma de prece na devoção emergente, é a que Mauss coloca como que em oposição à *adorativa*. É a chamada *prece constrangedora*. Constrangedor pode ser aquilo que provoca constrangimento, ou seja, embaraço, mas pode ser também algo apertado, achatado, que provoca algum tipo de desconforto, ou que incomoda de alguma maneira. A essa forma de prece comparamos as práticas de atos penitenciais ou autoflagelação, muito característico nas devoções populares de cunho sacrificial. A devota que sobe ajoelhada as escadas do Santuário do Porto das Caixas, na Baixada Fluminense do Rio de Janeiro, ou o fiel que leva ao Santuário de Pirapora do Bom Jesus uma cruz de 17 metros, percorrendo 160 quilômetros, ou ainda a senhora que todos os meses, numa igreja da capital, se propõe a rezar ajoelhada mil Ave-Marias ou visitar sete igrejas na Sexta-feira Santa, são formas de preces que podem ser consideradas *constrangedoras* porque, à primeira vista, parecem provocar desconforto. Visam chamar a atenção ou constranger o santo com atos radicais. São relações humanas transferidas para o âmbito do sagrado, como acontece nas greves e protestos sociais, quando o grevista objetiva chamar a atenção de determinada pessoa, grupo ou instituição com atitudes radicais, que são meios de reivindicar algo. Aqui, nesses casos, a reivindicação está no âmbito do sagrado e é direcionada a determinado santo.

Já o tipo de prece apontada por Mauss como *humilde* pode ser aquela em que o fiel faz questão do anonimato, do silêncio, da invisibilidade. Próprio também das devoções emergentes, em que não há preocupação do fiel em ser visto pelos demais durante o ato da prece. O que importa é que sua ação seja exercida e o objeto, ou instrumento dessa ação, seja depois visualizado pelos demais. Casos típicos são os das faixas em agradecimento ao santo colocadas nas ruas, sem a identificação do autor, ou os inúmeros "santinhos" deixados nos bancos das igrejas, anonimamente. Dona Maria das Dores contou-nos que se sentia muito pequena diante da grandiosidade dos santos, que souberam ser humildes diante da dor, por isso tornaram-se santos.

Já a prece *ameaçadora* nos remete ao que partilhou a devota de Santo Antônio, que encontramos em 1999, numa procissão em Osasco, durante as festividades do padroeiro da cidade. Ela disse que uma amiga ensinou como fazer o pedido ao santo, ameaçando deixá-lo de cabeça para baixo dentro de uma vasilha com água. Se o pedido não fosse atendido no prazo determinado, o castigo seria executado. Fez e deu certo, disse.

Ameaçadora pode ser também a relação do santo com o fiel. Se a promessa não for cumprida, o devoto poderá ser castigado pelo santo, como nos mostra a prece – ou corrente a São Judas Tadeu – que circula na maioria das igrejas: "[...] Ezequiel Cortez pegou a corrente em uma igreja e ordenou a sua secretária que enviasse as cópias. Ela se esqueceu. Passados 13 dias, a secretária perdeu o emprego. Isabel Cluban perdeu a cópia e abortou seu filho" [...][44]. Além dessas, são inúmeras as ameaças que vêm explícitas em muitas preces dirigidas aos santos emergentes. Uma outra situação que ilustra esse tipo de prece ameaçadora, na qual o santo passa a representar uma ameaça caso o contrato não seja cumprido, é o caso de uma senhora de Cachoeiro do Itapemirim-ES. A amiga não cumpriu a promessa feita a São Lázaro, e a ferida de sua perna retornou pior que antes.[45]

Quanto à prece *seca*, comparamos aos simples pedidos que são feitos a qualquer momento, sem maiores rituais. Em contraponto à prece seca, Mauss fala da prece *abundante*, que pode ser aquela regada de símbolos, como as fitas coloridas que são amarradas nas orações deixadas aos pés dos santos ou nas orações de Santo Antônio; os objetos (ex-votos); as novenas e o contrato de reprodução de um milheiro de outras orações, flores, enfeites colocados nas imagens durante as preces e muitas outras formas simbólicas de oração abundantes em símbolos.

---

[44] PEREIRA, José Carlos. *Sacra Facere*. Expressões corporais no catolicismo se *folk*. São Paulo: Arte & Ciência, p. 21.
[45] Idem., p. 29.

Referente à prece *imutável*, podemos considerar aquelas que são feitas por meio de orações e fórmulas preestabelecidas, que não mudam nunca. Orações que passam de geração em geração e que são reproduzidas sempre, de maneira mecânica e repetitiva. A senhora M. L. S., de 75 anos, da Irmandade de São José, nos disse certa vez: "Essa oração, a minha avó já rezava e era do mesmo jeito. Nem a grafia mudou. Tem palavra aqui que pouca gente sabe o que significa".

Já a prece *variável* corresponde, na devoção emergente, àquela que não tem regras preestabelecidas e que pode mudar de uma pessoa para outra, sem maiores dificuldades. São as orações espontâneas, que brotam no momento que o fiel está fazendo sua prece, seja diante da imagem, em casa ou mesmo no trânsito. Com estreitos laços com as preces *imutáveis* e *variáveis*, encontramos as preces *mecânicas* e *mentais*. As preces mecânicas são as meras repetições de fórmulas previamente estabelecidas. Nessa categoria, podemos enquadrar os mantras, a reza do terço ou as mil Ave-Marias, que aquela senhora nos contou que faz toda semana, entre outras. Já a prece *mental* pode ter ou não vínculo com a prece *adorativa*. É algo mais concentrado, com poucas expressões corporais e nenhuma forma verbal. As posturas são bem trabalhadas, podendo a pessoa permanecer horas sem executar qualquer movimento. Essa forma de prece é mais comum nos lugares onde há pouco movimento e o ambiente propicia a concentração.

Esses aspectos variados de prece, sobre os quais nos fala Mauss e que aqui procuramos relacionar com as categorias de devoção analisadas, desempenham, segundo ele, as mais diversas funções no campo religioso católico. "Aqui é uma petição brutal, ali uma ordem, albures um contrato, um ato de fé, uma confissão, uma súplica, um louvor, um hosana".[46] Segundo ele, "às vezes, um mesmo tipo de oração passou sucessivamente por todas as vicissitudes".[47] O que era vazia e simples na sua origem pode se tornar cheia de sentido. O contrário também pode ocorrer; "outra, quase sublime no início, reduz-se, aos poucos, a uma salmodia mecânica".[48] Essa possibilidade de mutação encontra-se marcadamente nas devoções emergentes. Devoções como a de Santo Expedito, que antes não tinha nenhuma expressão, ressurgem com força avassaladora nos meios urbanos, a ponto de disputar espaços nas ruas com os cartazes dos candidatos. Há outras formas de preces que têm ressurgido no catolicismo brasileiro, como afirma Mauss, *de forma sublime* e outras que praticamente desapareceram. O fato de terem desaparecido, ou de hoje estarem no esquecimento, não quer dizer que tenham acabado. Como nos mostra a história, elas poderão emergir a qualquer momento, com força e ares de novidade, como tantas que estão por aí.

Mauss coloca a prece como ponto de convergência dentro da vida religiosa, afirmando que ela converge grande número de fenômenos religiosos.[49] Dentro das devoções emergentes a prece desempenha a mesma função: além de convergir as manifestações ou fenômenos religiosos, ela "participa, ao mesmo tempo, da natureza do rito e da natureza da crença"[50], que envolve o fiel nessa relação com a divindade.

---

[46] MAUSS Marcel. A prece. In *Ensaios de Sociologia*, p. 219.
[47] Idem.
[48] Idem.
[49] Idem., p. 230.
[50] Idem.

A prece, em qualquer categoria de devoção, não deixa de ser um rito ou de desempenhar um ritual. O fiel assume uma atitude, pratica um ato diante de algo considerado sagrado, seja a imagem de um santo, ou qualquer outro objeto que adquiriu ressignificações sagradas. Segundo Mauss, "é um rito, pois é uma atitude assumida, um ato realizado em vista de coisas sagradas".[51] Seja na devoção puramente marginal ou na devoção emergente, que mantém laços com a instituição oficial do sagrado, a relação do fiel com a divindade é algo virtual e por isso não necessita de mediadores. A virtualidade é que dá sentido à ação religiosa. É um tipo de estímulo e resposta que ocorre entre o fiel e o santo. De acordo com Mauss, a pessoa "se dirige à divindade e a influencia".[52] O fiel acredita que a sua relação com o santo poderá influenciá-lo, ou seja, a partir de sua oração ou prece, seu pedido será atendido. Essa relação entre fiel e santo "consiste em movimentos materiais dos quais se esperam resultados"[53], e, quase sempre, o resultado que se espera é ser ouvido pelo santo. O êxito de determinado santo junto aos devotos depende desses resultados. As devoções emergentes podem ser consideradas frutos de resultados.

A devoção, seja ela qual for, está ligada a uma crença. Os devotos acreditam que determinados santos de devoção podem operar milagres. Portanto, para que os resultados aconteçam é preciso acreditar. Toda prece ou oração é fruto de uma crença. Mauss afirma que "toda oração é sempre, em certo grau, um

---

[51] Idem.
[52] Idem.
[53] Idem.

credo". Ninguém ora sem acreditar. A oração sem a crença deixa de ser oração, é algo desprovido de sentido religioso. Portanto, a oração, "mesmo lá onde o uso a privou de sentido, exprime ainda ao menos um mínimo de ideias e de sentimentos religiosos".[54] Quando o fiel se encontra diante da imagem, em oração, segundo Mauss, ele está agindo e pensando ao mesmo tempo, "e ação e pensamento estão estreitamente unidos, jorram num mesmo momento religioso, num só e mesmo tempo".[55] A linguagem que o fiel usa na oração, ou prece, nada mais é do que um instrumento de ação para atingir determinadas metas ou finalidades. Essa ação, segundo Mauss, exprime as ideias e os sentimentos dos fiéis, que são traduzidas e substantivadas por meio das palavras. Não é à toa que a maioria das orações, ou preces, contém muitas palavras. Fala-se com o santo como se conversasse com uma pessoa real. "Falar é, ao mesmo tempo, agir e pensar: eis por que a prece depende, ao mesmo tempo, da crença e do culto"[56], conclui Mauss.

---

[54] Idem.
[55] Idem.
[56] Idem.

5. O Culto aos "Santos" de Cemitério

Uma das devoções marginais mais evidentes é a devoção aos chamados "santos" de cemitério. Corresponde, na maioria dos casos, a alguém que sofreu morte violenta, seja por acidente, assassinato ou tortura seguida de morte. Esses túmulos são muito visitados não só no dia dois de novembro, data dedicada aos mortos no calendário católico, mas também durante todo o ano, principalmente nas datas de aniversário da pessoa falecida ou uma outra data que o devoto convencionou dedicar para a visita ao local. "No Vale do Paraíba, ao lado dos mais de 750 santos oficiais nos altares, a devoção popular venera andarilhos e peregrinos, perna e cabeça de gesso, crianças e mulheres que tiveram mortes trágicas ou que cultivaram uma religiosidade intensa".[57] Esses "santos populares" vivem à margem dos santos e das devoções oficiais, mas nem por isso são menos cultuados. Os fiéis aproveitam a oportunidade das romarias aos locais oficializados pela Igreja Católica para visitar e cultuar tais devoções. É

---

[57] RIBEIRO, Keila. "Santos populares atraem fiéis ao Vale do Paraíba, no Estado de São Paulo." In *Folha Vale*, 29 de dezembro de 2002.

o que acontece no Vale do Paraíba, no eixo Rio-São Paulo, onde se encontra o maior e mais oficial dos santuários brasileiros, a Basílica Nacional da Padroeira do Brasil, Nossa Senhora Aparecida. Chegam a esse santuário romarias de várias partes do país, e muitas organizadas por paróquias e dioceses; portanto, oficiais, legitimadas pela instituição eclesiástica católica. Com essa oportunidade, muitos fiéis aproveitam para visitar os outros "santos", manifestando o que classificamos de *devoção marginal*: os santos dos cemitérios. Talvez por isso, a região do Vale do Paraíba concentre tantas dessas devoções. São oportunidades conciliadas que outros lugares pouco oferecem. Ou seja, o fiel sai de sua cidade, de qualquer recanto do país, com destino à Aparecida e, uma vez estando lá, vai visitar os túmulos dos "santos milagreiros" dos cemitérios que estão nas cidades vizinhas, ou mesmo em Aparecida. Há uma integração feita pelos romeiros de ambas as categorias de devoção. "Alguns santos 'populares' do Vale atraem romarias de outros estados e têm até santuários, capelas ou festas integrados aos calendários oficiais das cidades".[58] É o caso de uma devoção, que não chega a ser de cemitério, mas que se enquadra muito bem na categoria de devoção marginal: a devoção a "Santa Cabeça". É uma cabeça de gesso que foi encontrada por tropeiros no Rio Tietê e que hoje está em uma capela em Cachoeira Paulista, cidade vizinha ao Santuário Nacional. A capela transformou-se em santuário, que é visitado pelos romeiros que vêm a Aparecida. Há muita similaridade entre as duas devoções, não só pela proximidade geográfica dos espaços sagrados, mas pela história atribuída a essa "Santa Cabeça". Uma das semelhan-

---

[58] Idem.

ças é que ambas foram encontradas no Rio Tietê. É uma versão marginal ou paralelismo devocional entre a imagem da "Santa Cabeça" e a imagem de Nossa Senhora Aparecida.

No local, há uma sala de promessas que, a exemplo da encontrada na Basílica de Nossa Senhora Aparecida, traz fotos dos fiéis nas paredes. A imagem, que se assemelha a um anjo, é comparada à de Nossa Senhora.[59]

Essa similaridade ajuda a configurar o espaço e a aproximar os fiéis, territorializando outros espaços sagrados. Como vimos anteriormente, a devoção marginal possibilita essa (des)territorialização dos espaços sagrados oficiais, ampliando-os para outros territórios. Parafraseando Pierre Bourdieu e Jean Claude Passeron[60], diríamos que o sistema religioso institucional, que oficializa a devoção no Santuário de Aparecida, permite a reprodução das devoções populares, agora na categoria marginal. Essa reprodução devocional reforça no imaginário religioso, como poder simbólico, a reprodução contínua de outras tantas devoções que respondem às necessidades específicas dos fiéis, o que viabiliza o trânsito religioso entre o oficial e o marginal.

Os fiéis que fazem peregrinações ao Santuário de Nossa Senhora Aparecida, por exemplo, quase sempre aproveitam para ir a Cachoeira Paulista e visitar o Santuário de

---

[59] Idem.
[60] BOURDIEU, Pierre e PASSERON, Jean Claude. A reprodução. Elementos para uma teoria do sistema de ensino.

'Santa Cabeça' ou, mesmo em Aparecida, orar no túmulo do Padre Vítor, que está em processo de canonização.[61]

Esse ajuste entre as duas categorias de devoção é muito comum no imaginário devocional brasileiro, não existindo fronteiras. As fronteiras são colocadas pelos intelectuais orgânicos da instituição eclesial, que classifica o que deve e o que não deve ser cultuado. Na prática, as fronteiras não chegam a ser obstáculos, pois elas simplesmente inexistem no imaginário popular devocional. Pelo fato dessa categoria de devoção se caracterizar pela marginalidade, pela não oficialização e pela liberdade religiosa, mesmo que os parâmetros da religião oficial desaprovem, conforme constatamos na exposição de uma romeira de Aparecida, a devoção continua existindo livremente.

> Meu menino estava com problema na cabeça e melhorou. Saí com ele do hospital e vim direto agradecer. Sou de Resende-RJ, mas sempre que vou a Aparecida passo no Santuário de "Santa Cabeça".[62]

E uma outra diz:

> Eu sou católica e devota de todos os santos, por isso rezo também para "Santa Cabeça". Não importa a imagem, Maria é uma só.[63]

---

[61] RIBEIRO Keila. "Santos populares atraem fiéis ao Vale do Paraíba, no Estado de São Paulo." In *Folha Vale*, 29 de dezembro de 2002.
[62] Rosália Flausina de Gouveia, 51 anos. In *Folha do Vale*, 29 de dezembro de 2002.
[63] Arlene Marciano, 42 anos. In *Folha do Vale*, 29 de dezembro de 2002.

Ainda no Vale do Paraíba, agora em São José dos Campos, há outro caso típico de devoção marginal similar. É um objeto de gesso exposto numa capela construída em torno desse símbolo, que se tornou alvo para romarias e peregrinações. É a réplica de uma perna, construída em gesso, à qual os fiéis atribuem milagres. A similaridade com a devoção à "Santa Cabeça" está, entre outras, no fato de que ambos são objetos de gesso e que têm origens desconhecidas. O imaginário religioso é fértil em sacralizar objetos com certas características ou equivalência e que tem ascendência obscura, portanto, misteriosa. O extraordinário ou o "mistério", que envolve determinados objetos, possibilita a criação de fatos sociais em torno do elemento religioso. Fatos esses que acionam o imaginário, motivando-o na criação de outros tantos fatos e situações que se ramificam, expandindo os espaços sagrados.

Há casos em que a pessoa falecida transforma-se, no imaginário popular, em mitos ou figuras legendárias que operam em prol dos que a elas recorrem. Outras, de tão reverenciadas, são incorporadas ao calendário folclórico local, como o caso do *Negrinho do Pastoreio*, no Rio Grande do Sul, que expressa um misto de folclore e religiosidade, no qual os elementos de violência e morte com requinte de crueldade ocupam o imaginário popular, como conferimos na descrição abaixo:

> Pessoas que sofreram algum tipo de martírio, em especial no caso de crianças vítimas de violência, passam a ser cultuadas como intercessoras de milagres. É o caso do lendário Negrinho do Pastoreio, do Rio Grande do Sul: o

menino escravo, torturado até a morte por ter perdido um cavalo de seu senhor, tornou-se o protetor dos que perdem alguma coisa.[64]

Foram criados muitos contos sobre o Negrinho do Pastoreio. O folclore gaúcho, com suas músicas regionais, soube muito bem visualizar essa devoção, como nos mostra a letra da música abaixo, de Barbosa Lessa:

> Negrinho do Pastoreio,
> Acendo essa vela pra ti
> E peço que me devolvas
> A querência que eu perdi.
> Negrinho do Pastoreio,
> Traz a mim o meu rincão.
> Eu te acendo essa velinha,
> Nela está meu coração.
> Quero rever o meu pago
> Coloreado de pitanga,
> Quero ver a gauchinha
> A brincar na água da sanga
> E a trotear pelas coxilhas
> Respirando liberdade,
> Que eu perdi naquele dia
> Que me embretei na cidade.[65]

---

[64] GASPAR, Eneida D. (org.). Guia de religiões populares do Brasil, p. 151.(faltam informações)
[65] BARBOSA, Lessa. *Negrinho do Pastoreio*. Canto popular brasileiro, conhecido em todo o Brasil, de um modo especial no Estado Rio Grande do Sul, onde se originou a lenda.

Esse caso do Negrinho do Pastoreio ganhou fama e tornou-se conhecido em quase todo o Brasil, apesar de fazer parte de uma cultura local. Converteu-se em um elemento folclórico, envolto no campo religioso. Há casos que são conhecidos em uma área bem restrita e que, muitas vezes, têm existência efêmera, caindo muito cedo no esquecimento. Outros aderem ao imaginário religioso, folclórico e social, ganhando fama nacional e internacional. Caso típico no Brasil é de Padre Cícero Romão Batista, talvez o maior exemplo desse processo de consagração do imaginário religioso devocional.

Em Santa Catarina, agora na cidade de Lages, há outras histórias de milagres de pessoas que foram sepultadas no cemitério local e que atraem inúmeros devotos. Uma reportagem do jornal A Notícia, de 3 de fevereiro de 2000, trazia a seguinte manchete: "Milagreiros em Santa Catarina". O artigo relatava os casos de algumas pessoas que, após a morte, caíram nas graças da devoção popular por serem consideradas promotoras de milagres. Dizia o texto:

> Como acontece há muitos anos, os túmulos que mais atraem visitantes e devotos em Lages são os da cigana Sebinca Christo (falecida em 1965), dos irmãos Canozzi (mortos em 1902) e também o jazigo de Frei Silvério Webber, falecido no dia 4 de março deste ano [2000] e a quem já são atribuídas graças e milagres.[66]

Os três túmulos dos milagreiros de Lages estão localizados próximos, no Cemitério Cruz das Almas. Desses casos, o primeiro que é relatado é o conhecido como "o caso dos irmãos Canozzi", como podemos conferir a seguir.

---

[66] Cf. Jornal *A Notícia*, 3 de fevereiro de 2000.

Ernesto Canozzi e Olintho Pinto, popularmente conhecidos como irmãos Canozzi (embora não fossem irmãos de sangue), eram amigos e residiam no interior do município. Contam os antigos que um deles namorava uma bela jovem, o que provocou ciúme no outro. Em função disso, o enciumado teria assassinado o primeiro, às escondidas. No dia do velório, compareceu ao enterro do colega e, quando chegou, o defunto começou a expirar sangue. O assassino foi descoberto e morto em seguida pela população. Os dois foram enterrados próximos e, a partir de então, começaram a surgir os milagres.[67]

Outros dois túmulos, também bastante visitados em Santa Catarina (Lages e Joaçaba), correspondem a dois frades aos quais a devoção popular marginal atribui inúmeros milagres: Frei Silvério Webber e Frei Bruno. "Frei Silvério Webber, falecido recentemente, era uma pessoa muito popular e carismática na cidade e também entrou no círculo dos milagreiros pela fé popular"[68] de Lages. Todo ano, no dia de finados, é um dos túmulos mais visitados. O outro se encontra na cidade de Joaçaba. Diz a reportagem que "[...] nem a chuva impediu a peregrinação ao jazigo de Frei Bruno, no cemitério de mesmo nome, considerado milagroso por muitas pessoas desde a sua morte, em 1960. O túmulo do frei, nascido em Duesseldorf, na Alemanha, e que morreu aos 84 anos, foi o mais visitado, recebendo muitas flores e velas".[69]

---

[67] Idem.
[68] Idem.
[69] Idem.

O dia de finados (02/11) é uma data propícia para detectar as devoções marginais (devoção às almas) nos cemitérios de todo o Brasil. É raro um cemitério que não tenha um túmulo que realize milagres.

No Cemitério de Santo Amaro, um dos túmulos mais visitados é o de "Bento do Portão". Sobre essa alma, venerada pelos fiéis dessa localidade e região, recolhemos o seguinte relato:

[...] No dia 29 de junho de 1917, dia em que os católicos festivamente comemoravam o dia de São Pedro, faleceu em Santo Amaro um baiano de nome Antônio Bento. Esse homem se tornou parte importante na crença religiosa do santamarense, a ponto de hoje seu túmulo receber verdadeiras romarias, nas quais o povo roga por sua clemência para receber graças das mais variadas. Curas, aflições, desamparos são lançados em seu mausoléu em busca de soluções, retorno que as pessoas garantem receber. Bento do Portão, como se tornou conhecido, viveu em nossa cidade como um mendigo, fazendo pequenos serviços para as pessoas de quem recebia comida e outras pequenas ajudas. Há quem diga que seu apelido vem do fato de que ele passava boa parte do tempo sentado em frente ao portão do cemitério. Há outras versões que dizem que o portão onde passava horas sentado era na verdade a porta de uma residência na Alameda Santo Amaro. Bento nasceu em 20 de janeiro de 1875. Depois de morto, ao ser exumado após sete anos, dizem que seu corpo estava intacto, causando grande comoção naqueles que acompanharam a exumação. [...] seu túmulo, muito frequentado, ganhou uma cobertura, cuja inauguração foi bastante concorrida com a presença dos mais tradicionais santamarenses [...].[70]

Na Vila Alpina encontra-se o túmulo dos treze mortos não identificados no incêndio do Edifício Joelma, ocorrido em São Paulo em 1974. A estes mortos são atribuídos inúmeros milagres. Essa devoção é um típico caso que podemos classificar de *devoção mimética*. Os fiéis fizeram um processo de *mimetismo devocional* ou *migração* de valores de uma antiga devoção, também marginal, chamada "As Treze Almas Benditas", para essas treze pessoas que morreram no incêndio do Edifício Joelma, possibilitando um sincretismo devocional. Podemos classificar também de um misto de devoção emergente e marginal. Emergente por ter sua origem numa devoção popular muito antiga e que ressurge personificada nos corpos não identificados, sepultados no Cemitério da Vila Alpina e, marginal, por serem ambas (tanto a antiga como a atual) uma devoção não reconhecida pela Igreja Católica. Recolhemos, entre as inúmeras manifestações devocionais às treze almas, uma simpatia intitulada "simpatia para prender o amor":

> Em quatro pedaços de papel, transcreva integralmente esta simpatia e distribua as cópias para quatro amigas. Após a distribuição, escreva o nome da pessoa amada na sola de seu pé esquerdo e aperte com bastante força o pé contra o chão enquanto vai dizendo com muita convicção, porém discretamente: 'Debaixo do meu pé eu te prendo (...), eu

---

[70] PAVANELLI, Roberto. *Centro das Tradições de Santo Amaro*, 12 de julho de 2002.

te amarro (...), eu te mantenho (...) pelo poder das Treze Almas Benditas'. Substitua as reticências (...) pelo nome da pessoa amada. Se nesse dia ou noite você sonhar, não revele o sonho a ninguém.

Pelo teor da simpatia, podemos perceber que essa é uma devoção tipicamente feminina. O texto traz a identificação do gênero: "distribua as cópias para quatro amigas". Na verdade, a maioria dos devotos é mulher, e os pedidos lá deixados são assinados por mulheres. O conteúdo da simpatia revela também a especificidade das Treze Almas Benditas: solucionar relações afetivas, mudar o referencial de domínio, ou seja, o desejo de não ser controlada, mas de ter a pessoa desejada sob controle... "Debaixo do meu pé eu te prendo (...), eu te amarro (...), eu te mantenho (...)".

Numa sociedade machista e patriarcal, em que grande parte das mulheres ainda é controlada e submetida aos caprichos dos maridos, essa devoção surge como uma possibilidade da inversão de papéis. A "prisão", "as amarras", o "controle debaixo dos pés", são reflexos do imaginário feminino que deseja a libertação das situações de opressão no campo afetivo em relação aos homens. E é nesse domínio masculino sobre o feminino que afloram as mais diversificadas formas de violência contra a mulher, como veremos mais adiante. Uma vez se libertando, tendo o controle da situação, outras realidades podem ser mudadas e a história poderá inverter-se.

Além das simpatias – forma peculiar de manifestação dessa devoção marginal, que, segundo alguns, beiram o folclore religioso –, encontramos também algumas orações intituladas Oração das Treze Almas Benditas. O conteúdo dessa oração, que transcrevemos abaixo, revela o desejo da pessoa devota de ser alvo da sensibilidade dos outros, tidos aqui esses outros como os inimigos ("sensibilizai o coração de meus inimigos"). Há também o desejo por sorte ("dai-me sorte nessa vida"), o que revela que o emissário dessa oração, ou mais provavelmente a emissária, vive uma situação de falta de sorte:

> Ó minhas Treze Almas Benditas, sabidas e entendidas, a vós peço, pelo amor de Deus, atendei ao meu pedido. Pelo sangue e pelas gotas de suor que Jesus derramou do seu sagrado corpo, atendei ao meu pedido. Que a proteção de Jesus Cristo me cubra com seus braços, me guarde no seu coração e me proteja com seus olhos. Ó Deus de bondade, sois meu advogado na vida e na morte. Pelas minhas Treze Almas Benditas eu vos peço, livrai-me dos males, sensibilizai o coração dos meus inimigos, me dai sorte nesta vida. Amém!

Na verdade, uma prece como essa é um apelo de alguém que vive momentos difíceis. No meio popular, a expressão "pelo amor de Deus" tem significado de pedido de socorro nos momentos de extrema necessidade. A oração inicia com esse pedido de socorro: "pelo amor de Deus, atendei ao meu pedido". É algo urgente, que não dá para esperar. É a expressão da manifestação de alguém que está recorrendo, em último caso, a essa instância, o que revela que as instâncias terrenas já foram recorridas e não deram resultados satisfatórios. A seguir vem o apelo ou a súplica, que revela a extremidade do caso a que se pede: "pelo sangue e pelas gotas de suor que Jesus derramou de seu sagrado corpo". É uma referência direta ao sacrifício, que possibilita ou viabiliza a realização do pedido. O sacrifício tem aqui a função, como sugeriu Marcel Mauss, de "invocar o caráter sagrado da vítima"[71], que, nos dizeres de René Girard, poderá apaziguar a violência. Recorrer ao sacrifício redentor para que uma situação de violência seja extirpada é um ato extremado de pedido de socorro, só encontrado com frequência nas devoções de cunho sacrificial. Podemos deduzir, como já colocado, que a maioria dos pedidos é de mulheres, que as mesmas buscam a solução para as situações de violência, constatadas nas pesquisas do Seade, OAB e outros órgãos de pesquisa.

A prece às Treze Almas Benditas revela ainda a situação de vulnerabilidade em que a pessoa se encontra. Há o desejo de segurança, proteção e acolhimento, como nos mostra a frase seguinte: "Que a proteção de Jesus Cristo me cubra com seus braços, me guarde no seu coração e me proteja com seus olhos". A pessoa que faz essa prece sente-se numa situação desprotegida, de abandono, ou, ainda numa situação de risco, como é o caso das mulheres que sofrem violência dentro de seu próprio lar, lugar onde deveria haver segurança e proteção. O desejo de proteção é tanto que a divindade aqui assume o papel de defensor, advogado, como deixa explícita a prece: "... ó Deus de bondade, sois meu advogado na vida e na morte". Deus é visto aqui, por intermédio da intercessão das Treze Almas Benditas, como o defensor infalível. As almas têm a função de mediadoras entre o fiel e Deus na situação vivida no momento. "Pelas minhas Treze Almas Benditas eu vos peço". Nada melhor do que ter a mediação de alguém influente (e nesse caso de um grupo de treze) para conseguir o que se quer.

---

[71] MAUSS, Marcel e HUBERT, Henri. *Essai sur la nature et la fonction du sacrifice*. In MAUSS, M. Oeuvres. Paris, Minuit, 1968, v. I (Les fonctions sociales du sacré). In René GIRARD. *A Violência e o Sagrado*, p. 11.

Nas devoções marginais, os parâmetros usados na relação com o sagrado são similares às relações sociais. Mas pede-se o quê? Nesse caso a prece se conclui revelando o apontado anteriormente, ou seja, a libertação de algum tipo ou situação de sofrimento: "livrai-me dos males, sensibilizai o coração dos meus inimigos, dai-me sorte nesta vida". A maioria das relações matrimoniais ou afetivas, falhas por causa do desrespeito e da violência entre ambos, é apontada como falta de sorte. O marido que agride a esposa passa a ser considerado um inimigo. A prece encerra pedindo que Deus a livre dos "males", que o coração do "inimigo" se sensibilize e que a pessoa possa ter mais sorte. São elementos que se encaixam nas situações de violência vivida de forma implícita nas relações familiares e que só vêm à tona quando ocorre alguma tragédia.

Há variações nessa oração às Treze Almas Benditas. Encontramos uma outra, bastante semelhante, mas que no final acrescenta novos dados que ajudam a confirmar os fatos já constatados:

> [...] Cegue meus inimigos, que os olhos do mal não me vejam, cortai as forças dos meus inimigos. Minhas almas, sabidas e entendidas, se me fizerem alcançar esta graça, ficarei devota de vós e prometo fazer (*faz-se uma promessa qualquer, como: acender uma vela, mandar rezar uma missa, orar sempre, dar esmola etc.*). Nota: *em caso de necessidade de importância, reza-se durante 13 dias, recitando também um Pai-nosso e uma Ave-Maria, cada vez.*

O desejo de não ser alvo da maldade está explícito na prece, que pede para cegar os inimigos: "que os olhos do mal não me vejam"; ou seja, o devoto (e, nesse caso, a devota), pede para não ser vítima da maldade ou da violência alheia. A busca por segurança é a motivação principal das pessoas devotas das Treze Almas Benditas. Busca-se o fortalecimento e a resistência, pedindo pelo enfraquecimento dos perseguidores: "cortai as forças dos meus inimigos". Em seguida, vem uma expressão condicional, que evidencia a troca na devoção: "se me fizerem alcançar essa graça, ficarei devota de vós e prometo fazer [...]". Ou seja, dou ou faço isso, se vocês me derem ou fizerem aquilo. Como afirmou Mauss, ao analisar "uma antiga forma de contrato entre os trácios"[72] que "quase todas estas trocas [...] na realidade implicam uma multidão de prestações de todos os tipos e começam sob forma de doações na aparência puramente graciosa de presentes, cujo beneficiário será obrigado a retribuir [...]"[73]. Essa troca, que se evidencia na prece, implica numa série de relações simbólicas entre o fiel contratante e o santo contratado. O que, a princípio, parece ser uma relação gratuita, um presente ou uma doação do santo para o fiel, tem um preço a ser pago. O preço está sugerido entre parênteses no corpo da prece ("acender uma vela, mandar rezar uma missa, orar sempre, dar esmola etc."). O texto deixa em aberto outras práticas, que podem significar também as relações sacrificiais como forma de pagamento, comum nas devoções populares, de cunho marginal. É o que é sugerido quando o pedido tem muita importância para o fiel, como está escrito no encerramento da prece: "em caso de necessidade de importância, reza-se durante 13 dias, recitando também um Pai-Nosso e uma Ave-Maria, cada vez". Rezar 13 dias consecutivos significa

---

[72] MAUSS, Marcel. Extraído da Revue des études grecques, 34. In Dom, contrato, troca. In *Ensaio de Sociologia*, p. 356.
[73] Idem., Dom, contrato, troca. In *Ensaio de Sociologia*, p. 357.

uma relação mais duradoura do devoto com o santo de devoção. É uma maneira, como quer Mauss, de "conferir poder sobre o outro"[74] que aceitou tal pacto. Essas trocas simbólicas ligam, de forma imaginária, doador e donatário, reforçando as relações.

Na oração analisada, percebe-se que há uma alerta ao fiel, quando se afirma que, "em caso de muita importância", deve-se rezar outras orações complementares. As orações complementares são cruzamentos de orações marginais e oficiais, o que, na devoção, poderá ser concebido como um reforço no pedido feito, possibilitando maior eficiência do mesmo. Sincretiza-se elementos do oficial e do marginal e reforça-se a eficácia simbólica da prece.

Numa outra prece, ainda com os mesmos dizeres das duas já citadas, encontra-se, no encerramento, uma forma distinta, como podemos conferir abaixo:

> [...] Minhas Treze Almas Benditas, sabidas e entendidas, se me fizerem alcançar esta graça (*dizer a graça*), ficarei devoto de vós e mandarei imprimir um milheiro desta oração, mandando também rezar uma missa.

Em primeiro lugar, há uma atenção especial para as expressões "sabidas e entendidas", que também aparecem nas outras duas primeiras orações. O fiel confia na eficácia de quem se pede, pois elas, as Almas Benditas, "sabem" e "entendem" da necessidade dos mesmos. Se elas sabem e entendem, não é necessário usar muitas palavras. A relação é mais corporal que verbal, envolve elementos simbólicos, que não exigem explicações do pedido feito ou do contrato assumido. O que se sabe é que essa relação

---

[74] Idem., p. 365.

contratual confere ao fiel não só deveres, mas também direitos sobre o santo de devoção, o que Mauss apontou na qualidade dos *sacrifícios Dons*, que "conferiam ao fiel direitos sobre seu deus. Serviam assim para alimentar a divindade".[75] Alimenta-se uma relação devocional, na qual existem direitos e deveres como em qualquer outra relação contratual.

O conteúdo do contrato implica, da parte do devoto, o compromisso com a fidelidade, ou seja, a devoção propriamente dita; "se me fizerem alcançar esta graça, ficarei devoto de vós". Em seguida, explicita-se a forma de pagamento do elemento contratado: "mandarei imprimir um milheiro desta oração, mandando também rezar uma missa". Essa característica da impressão de "um milheiro" é comum nas devoções marginais. Exemplo típico se encontra na devoção a Santo Expedito, como já citamos, e em outros santos e santas dessa categoria de devoção. Trata-se de uma das formas por meio das quais a devoção se propaga. Outra característica similar à anterior é a inserção de elementos do catolicismo oficial na devoção marginal, como nesse caso: "mandar rezar uma missa". É muito comum encontrar nas listas de intenções de missa das paróquias pedidos em intenção das Treze Almas Benditas. Novamente percebemos aqui os cruzamentos de elementos das devoções marginais e oficiais. Imprimir um milheiro da oração é característica da devoção marginal. Mandar rezar missa é próprio das devoções oficiais. Mas as fronteiras entre ambas nem sempre são perceptíveis.

---

[75] MAUSS, Marcel. Ensaio sobre a natureza e a função do sacrifício. In *Ensaio de Sociologia*, p. 142.

Ainda no âmbito das devoções às almas, no Mosteiro da Luz, em São Paulo, encontra-se o túmulo de São Frei Galvão, que muito antes de ser canonizado, já era bastante visitado em qualquer época do ano. Nesse local os fiéis adquirem uma pílula de papel com uma oração que, segundo os devotos, opera milagres na vida dos que a ingerem. Frei Galvão foi canonizado em 11 de maio de 2007 e representa a força das devoções marginais perante a Igreja. Na igreja dos enforcados (nome sugestivo para essa categoria de devoção) predomina a devoção ao Chaguinha, figura venerada, mas sobre a qual quase não conseguimos informações. No Santuário das Almas, no Bairro Ponte Pequena, em São Paulo, o número de fiéis é grande, principalmente às segundas-feiras, dia dedicado às almas. Poucas igrejas têm missa nesse dia, mas as que possuem atraem um público fiel, que vem rezar pelas almas. Quando o templo é a elas dedicado, esse público tende a ser maior que aos domingos, como se pode constatar no Santuário das Almas, em São Paulo.

No interior do estado, principalmente na região de Ribeirão Preto, qualquer católico já ouviu falar do Santuário Nossa Senhora Aparecida e do túmulo de Pe. Donizetti Tavares de Lima, na cidade de Tambaú, importante centro de peregrinação da década de 1960 e que ainda hoje é muito visitado por romeiros e peregrinos. Passam por ano nesse local aproximadamente 200 mil devotos, segundo dados da Folha de Ribeirão Preto, de abril de 1999.[76] Sobre essa devoção, reunimos alguns relatos que reforçam a crença em alguém que, ainda em vida, segundo os devotos, já fazia milagres. Depois da morte, passou a ser cultuado como santo, embora, como a maioria, não tenha recebido declaração oficial da Igreja Católica. Sobre as romarias a esse local temos as seguintes informações:

---

[76] EBLAK, Luís. A rota dos milagres. In *Folha de Ribeirão*, Ribeirão Preto, 4 de abril de 1999.

[...] As pessoas não mediam esforços para chegar até Tambaú. Alguns enfrentavam várias horas em pau de arara (caminhão com toldos de lona e banco de madeira), sufocados pela poeira fina das estradas. Na cidade, despreparada para receber tão grande multidão, os romeiros tinham dificuldades de acomodação e alimentação, chegando até mesmo a enfrentar intempéries. Tudo isso para receber a bênção do Santo Pe. Donizetti e talvez voltar curado para sua casa. A fé que os levava até a presença do Pe. Donizetti era retratada nos rostos apesar de sonolentos, cansados e abatidos. Para se protegerem do sol escaldante, levavam as mãos trêmulas até a testa, o que lhes propiciava uma melhor visão do padre, junto à janela de sua residência. O dinheiro que traziam era muito pouco, insuficiente até para as refeições. Mas tinham o firme propósito de tudo suportar, de tudo enfrentar, seguindo nas lentas filas que serpenteavam na praça, lado a lado com uma multidão de fiéis, para chegar até o interior da Casa do Padre, que os iria abençoar. A presença do Pe. Donizetti transformava o ambiente espiritualmente. A emoção tomava conta das pessoas. A invocação da intercessão de Nossa Senhora Aparecida, pela voz firme e convicta do Pe. Donizetti, fazia ocorrer grandes milagres. A multidão ficava atônita diante das maravilhas de Deus. Uma comoção espiritual tomava conta de todos, seguida de um entusiasmo de fé, esperança e amor. Nesses momentos, era como se o céu se abrisse e todos se unissem em um único sentimento de caridade, dando graças a Deus pelos milagres que, diante de seus olhos, eram realizados. Apesar de suas fraquezas, porém filhos de Deus, os fiéis se sentiam dignos de serem também curados de suas enfermidades [...].[77] (*sic*)

---

[77] AGUIAR, Antônio Aparecido de. In *Boletim Informativo* – Ano IV – n. 39 – Novembro, 2000 – Associação de Fiéis do Pe. Donizetti – p. 2.

Citamos aqui outro relato que também retrata a devoção ao Padre Donizetti de Tambaú:

> [...] Sou da cidade de Vargem Grande do Sul, mas resido em São Paulo há 25 anos. Fui batizado na Igreja Católica, porém não posso dizer que sou católico, embora acredite em Deus. Sempre me interessei pela vida do Padre Donizetti, desde minha infância em Vargem Grande do Sul, quando ficava boquiaberto ouvindo histórias que revelavam seus milagres, sua dedicação aos menos favorecidos, o que, na realidade, o levou a enfrentar os donos do poder da época. Passei a pesquisar a vida do padre. Todos que abraçaram essa tarefa sabem da dificuldade. Possuía uma oratória sem par, porém não era dado a escrever. Somando-se o fato de que nós, brasileiros, não somos habituados a conservar documentos históricos, o Padre Donizetti pouco deixou de próprio punho. Pude ler os registros no Livro do Tombo, sobre as visitas do bispo de Ribeirão à Vila de Vargem Grande, entre as décadas de 1910 e 1920. Quase nada escrito, apenas o necessário, dando a impressão de estar cumprindo uma obrigação [...].[78]

No relato de Sr. José Hamilton há uma referência às inúmeras pessoas, geralmente nascidas no período mais fecundo da devoção ao padre, que têm o nome de Donizetti. É, sem dúvida, o reflexo da devoção popular marginal, que ganhou força e se concretizou na vida de muitas pessoas.

---

[78] CIPOLLA, José Hamilton Maturano. In *Boletim Informativo* – Ano V – n. 41 – Janeiro, 2001 – Associação de Fiéis do Pe. Donizetti – p. 2.

[...] Quantos *Donizettis* existem por este Brasil afora, com todas as variações gráficas que o som do nome permite? Será que esses tantos *Donizettis*, assim batizados, foi porque seus pais admiravam o compositor clássico, de pouco mais de 60 óperas, nascido em Bergamo, hoje Itália, no século XVIII? Sabemos que a resposta é simplesmente *não*! Todos eles são uma homenagem ou um agradecimento ao padre de Tambaú. Creio que não exista um sequer *in memoriam* àquele músico italiano. Esta é uma regra sem exceções. O único inspirador foi e é o próprio Padre Donizetti. Essa multidão de *Donizettis* não recenseados, espalhados pelo Brasil, é a prova viva da devoção ao Padre Donizetti. Será que alguém, com devoção, daria o nome do indivíduo, objeto da sua crença, ao seu próprio filho, se não tivesse a certeza absoluta dos seus santos poderes? E alguém acreditaria em um santo, se não alcançasse graças com a sua fé?[79]

Reunimos na tabela a seguir as devoções de cemitério mais conhecidas do Brasil. Desta tabela extraímos uma outra, que corresponde às devoções a almas de crianças, inserida mais adiante.

---

[79] Idem.

Tabela de algumas devoções de cemitério mais conhecidas do Brasil

N.º	Nomenclatura	Local	Curiosidades e observações
1	Isabel Maria da Conceição	Guaraciaba do Norte-CE	"Protetora das esposas espancadas"
2	Maria da Conceição de Barros	Franca-SP	"Consuelo / A santa da gravidez impossível"
3	Maria Francelina Trenes	Porto Alegre-RS	"Maria degolada dos amores contrariados"
4	Ana Lídia Braga	São Paulo-SP	"Padroeira das crianças"
5	Maria Izilda de Castro	Monte Alto-SP	"Santa Izildinha"
6	Alma milagrosa	Franca-SP	"Alma da escrava"
7	Sebinca Christo	Lages-SC	Conhecida no local como "a cigana"
8	Irmãos Canozzi	Lages-SC	Cemitério Cruz das Almas
9	Frei Silvério Webber	Lages-SC	Cura de diversas doenças
10	Frei Bruno	Joaçaba-SC	Milagres relacionados a mulheres com complicações na gravidez
11	Mãe Felícia	São Paulo-SP	Um dos túmulos mais visitados no cemitério do Araçá
12	Antoninho da Rocha Marmo	São Paulo	Tinha o dom de predizer acontecimentos futuros. Seu túmulo é um dos mais visitados no Cemitério da Consolação.
13	Marina Portugal	São Paulo	Túmulo visitado no Cemitério da Consolação, com relatos de milagres
14	Marquesa de Santos	São Paulo	Túmulo no Cemitério da Consolação com inúmeros pedidos
15	Pe. Vitor Coelho de Almeida	Aparecida-SP	Conhecido apenas como Pe. Vitor, pa-grega relatos de cura dos seus devotos
16	Bento do Portão	Santo Amaro-SP	O corpo não havia se decomposto sete anos depois da sua morte
17	Treze Almas Benditas	São Paulo-SP – Cemitério de Vila Alpina	Auxilia os vivo a resolverem seus problemas
18	Chaguinha	São Paulo	Igreja dos Enforcados

19	Pe. Donizetti	Tambaú-SP	Graças, milagres e conversões lhe são atribuídas
20	Menino da Tábua	Maracaí-SP	"O Santo Menino da Tábua de Maracaí"
21	Felisbina Müller	São Paulo – Cemitério da quarta parada	Quando seu corpo foi exumado, 18 anos depois, estava intacto. O povo local lhe atribui milagres.
22	Pe. Cícero Romão Batista	Juazeiro do Norte-CE	"Conhecido como Padim Ciço"
23	Frei Damião	Recife-PE	Relatos de curas, milagres que a ciência não consegue explicar
24	Iraceminha	Marília-SP	"A Santinha de Marília"
25	Benedita	Osasco-SP	Cemitério Bela Vista
26	Zezinho	Ribeirão Preto-SP	"O menino Zezinho de Ribeirão Preto"
27	Santa Cabeça	Cachoeira Paulista-SP	"Devoção a uma cabeça de gesso"
28	Padre Rodolfo Komorek	São José dos Campos-SP	Vale do Paraíba
29	Madre Teresa de Jesus	São José dos Campos-SP	"Madre Teresa de Jesus Educarístico"
30	Maria Peregrina	São José dos Campos-SP	Dizem que foi uma mendiga cujo túmulo é muito visitado
31	Menina Débora	São Paulo	Cemitério da Vila Formosa
32	Padre José Teixeira	São Carlos-SP	São Carlos-SP
33	Padre Santos Ramirez	Ribeirão Preto-SP	O povo do local visita seu túmulo e lhe atribui curas milagrosas
34	Débora	São Paulo	Cemitério da Vila Formosa
35	Armando Luiz Rodrigues	São Paulo	Cemitério da Quarta Parada
36	Negrinho do Pastoreio	Rio Grande do Sul	Procura objetos perdidos

Informações extraídas de diversas fontes.
Organizado por PEREIRA, José Carlos, setembro de 2004.
Revisto em julho de 2011

Assim, constatamos na tabela acima que um grande número das devoções de cemitério corresponde a mulheres, que formam um capítulo a parte nessa categoria de devoção. Lembramos que o referencial da devoção marginal praticada nos cemitérios, seja por homens ou por mulheres, é a busca de milagres. Uma alma ganha credibilidade entre os fiéis e passa a ser alvo de devoção ou veneração quando a ela se atribuem milagres. Milagres são "atos ou acontecimentos fora do comum, inexplicáveis pelas leis naturais. Evento que provoca surpresa e admiração" (cf. Houaiss). A constatação de fenômenos "paranormais" em determinados túmulos é fator preponderante para desencadear a curiosidade dos devotos e, consecutivamente, a peregrinação a este espaço, que passa a ser considerado sagrado. Os relatos de tais "fenômenos" são abundantes no imaginário popular, como túmulos que vertem água, que exalam perfumes, corpos que não se deterioraram e muitas outras situações que são atribuídas aos túmulos dos milagreiros. A maior parte dessas atribuições a túmulos é conferida pelas mulheres, o que nos levou a analisar a relação entre gênero e devoção marginal, conforme veremos a seguir.

6. Gênero e Devoção Marginal

A presença da mulher nos templos católicos é maioria. Embora não participem das decisões de hierarquia, são elas que povoam os espaços sagrados, executando os trabalhos de base. Fora dos espaços sagrados dos templos, nos chamados novos territórios sagrados, elas continuam como maioria. São elas as grandes frequentadoras dos cemitérios no dia dedicado aos defuntos e são também líderes na propagação das devoções às almas, como também na frequência às missas celebradas nas segundas-feiras, dia dedicado às almas. Encontramos referência arquetípica da presença da mulher diante do túmulo em várias passagens bíblicas, a mais conhecida dentre elas é a de Maria Madalena, que chega primeiro ao túmulo de Jesus e não encontra o corpo (cf. Jo 20,1-2). É ela quem se encarrega de propagar a notícia do desaparecimento do corpo de Cristo. Outra referência bíblica que encontramos de mulheres diante do túmulo é a das duas irmãs, Marta e Maria, que assistem, de forma fenomenal, à saída do irmão Lázaro da sepultura (cf. Jo 11,38-44) três dias depois de sua morte. Essas referências bíblicas ajudam a reforçar no imaginário feminino a presença histórica das mesmas nesses espaços miraculosos da morte, que são os túmulos, os cemitérios ou seus derivados.

Dentre às devoções marginais no catolicismo popular, não podíamos deixar de evidenciar o segmento feminino. São mulheres em sua maioria tidas como santas, que arregimentam uma camada da população feminina nos espaços sagrados dedicados a estas devoções. Dentre elas estão Isabel Maria da Conceição, "protetora das esposas espancadas"; Maria da Conceição de Barros, considerada "a santa da gravidez impossível"; Maria Francelina Trenes, "Maria Degolada dos amores contrariados"; Ana Lídia Braga, "padroeira das crianças" e Maria Izilda de Castro, "Santa Izildinha", entre outras de menor expressividade. Essa última, Izildinha, é uma das mais conhecidas. Apesar de sua origem portuguesa, ganhou fama no Brasil, principalmente em São Paulo e na cidade onde hoje está sepultada (Monte Alto, interior paulista).

Segundo relatos, Maria Izilda de Castro, a Izildinha, nasceu em 1897, em Portugal, e morreu, vítima de leucemia, em 1919. Seu culto no Brasil teve início por volta de 1958, ocasião em que seu corpo foi transladado para Monte Alto, interior do Estado de São Paulo, a pedido de seu irmão, um empresário. "De acordo com testemunhas da época, quando chegou ao Porto de Santos, o caixão foi aberto e seu corpo estava intacto, inclusive com o aroma das flores enterradas com ela".[80]

Izildinha está sepultada num jazigo na cidade de Monte Alto-SP, local que recebe todos os anos inúmeras romarias para visitar seu túmulo – romarias predominantemente compostas

---

[80] RODRIGUES, Ernesto. "População elege 'santos' da região". *Folha de Ribeirão*, s/d.

por mulheres. São mulheres que fizeram promessas, quase sempre relativas à gravidez e ao parto. Dizem as romeiras e moradores do local que, "após quase 40 anos da sua morte, o corpo de Izildinha estava intacto, o que gerou a crença de que ela é uma santa".[81] Mas não é só isso. Há outros inúmeros relatos que permeiam essa devoção marginal católica que sobrevive mesmo diante do desconhecimento da Igreja Católica oficial.

Sobre a história dessa menina considerada santa e cultuada com tanta veneração pelas mulheres paulistas, a Revista Época, na sua edição de número 158, dedicou um artigo que sintetiza bem a história dessa devoção marginal sob o título: "O enigma da menina Izildinha", e com a manchete: "O corpo preservado de uma adolescente portuguesa deu origem ao culto no interior de São Paulo".[82] Diz o texto:

> Maria Izilda de Castro Ribeiro morreu de leucemia em 1911, na cidade portuguesa de Guimarães. Tinha 13 anos. Cumpriu uma trajetória curiosa até se tornar a Menina Izildinha, fenômeno da fé popular no interior de São Paulo, onde seu corpo está enterrado hoje. O mito começou a consolidar-se em 1950, quando um dos irmãos de Izilda, Constantino de Castro Ribeiro, resolveu tentar a vida no Brasil. Na mudança, trouxe os restos mortais da irmã. A exumação produziu espanto. Conta a lenda que, quase 40 anos depois de sua morte, o corpo de Izildinha estava intacto, coberto de flores ainda viçosas.[83]

---

[81] Cf. *Folha de S.Paulo*, Caderno Cotidiano, p. C 4, 8 de março de 2003.
[82] VIOTTO, Décio. "O enigma da Menina Izildinha". In Revista Época – Edição 158 28/05/2001.
[83] Idem.

Começa aqui uma das mais conhecidas histórias de devoção marginal que o Brasil já conheceu. Os restos mortais de Maria Izilda foram transladados para o Brasil por ocasião da vinda de seus familiares, como nos mostra outra parte desta mesma reportagem:

> O primeiro destino do cadáver no Brasil foi a capital paulista, onde o culto teve início. O túmulo tornou-se ponto de peregrinação, e centenas de graças lhe foram atribuídas. Constantino, o irmão da 'santa', lucrou com a veneração.[84]

O texto, ao apontar que o irmão "lucrou com a veneração", detecta que esta devoção ultrapassou as fronteiras da "economia das trocas simbólicas"[85] para as "trocas reais". O lucro com os supostos milagres são comuns nas devoções marginais, como na devoção a Santo Expedito, em cuja propagação as gráficas têm todo o interesse, pois assim lucram com as confecções dos "santinhos" que devem ser reproduzidos sempre aos milheiros. No caso de "Santa Izildinha", a propagação da devoção se dá de outras maneiras.

Ainda referente ao contexto familiar de Maria Izilda e seu irmão, diz-se:

> Em 1958, já se tornara um próspero negociante, com título de comendador. Foi nesse período que propôs transferir Izildinha para Monte Alto, a 350 quilômetros de São Paulo. Lá, planejava abrir uma indústria de alimentos. A

---

[84] Idem.
[85] BOURDIEU, Pierre. *A Economia das Trocas Simbólicas*, 3ª ed., São Paulo: Perspectiva, 1992.

cidade recebeu-o com entusiasmo. Com o dinheiro arrecadado no lugar, ergueu-se um mausoléu. A comunidade portuguesa da região foi além: doou a Constantino terrenos para sua indústria. O culto a Izildinha se expandiu. Na década de 1960, o mito tornou-se alvo de disputa judicial. Depois de se desfazer da fábrica em Monte Alto, Constantino tentou remover a santinha da cidade: queria trazê-la de volta a São Paulo. O impasse foi resolvido em 6 de maio de 1964, pelo Tribunal de Alçada. O corpo foi incorporado ao patrimônio de Monte Alto. Magoado, o comendador nunca mais voltou à cidade. Está enterrado no Cemitério São Paulo, no jazigo que mandara construir especialmente para a irmã famosa.[86]

Tamanha é a força dessa devoção que, ainda hoje, o túmulo do comendador é um dos mais visitados no Cemitério São Paulo, só pelo fato de ter sido alguém muito próximo daquela que é considerada "santa". Um dos aspectos que possibilita a identificação de uma devoção marginal é o fato de, além de não se manifestar nas igrejas, não contar com o reconhecimento da mesma.

Nem Izildinha é reconhecida pela Igreja nem os devotos parecem preocupados com isso. O mausoléu não atrai as multidões dos anos 1960, mas ainda fica repleto em meados de junho, quando se comemora o aniversário da menina. Os restos mortais repousam num caixão de chumbo e não podem ser admirados. Mas a lenda do corpo intacto resiste.

---

[86] VIOTTO, Décio. "O enigma da Menina Izildinha". In Revista Época – Edição 158 28/05/2001.

> Luís Antônio Guimarães, ex-administrador do mausoléu, conta que abriu o caixão há dez anos para executar alguns reparos. "O corpo continua lá, perfeito", garante, com olhos assombrados.[87]

O texto acima revela bem a dimensão de uma devoção que escapa às normas oficiais, a qual classificamos como devoção marginal. Mesmo os restos mortais da menina considerada "santa" não estando no túmulo da capital paulista, só pelo fato de um dia terem estado ali é motivo para que a devoção continue viva entre os paulistanos. O túmulo que pertenceu a Izildinha continua como um dos mais visitados no Cemitério São Paulo. Foi nele que, num dia de finados, encontramos a oração abaixo, reproduzida em grande escala entre as devotas:

> Menina Izildinha, Anjo do Senhor, minha bondosa irmãzinha. Junto a vós faço humildemente meu pedido cheia de devoção e fé, para que me concedas a Graça de (*fazer o pedido*). Que o Pai, seu Divino Filho Jesus e Maria vos cubram de benção e poder para que possais diminuir o sofrimento a todo aquele que invoque o vosso abençoado nome. Prometo pagar-vos com boa-fé e crença no Pai, em Jesus, em Maria e em vós. Serei resignado às provações que sejam impostas por Deus como remissão das minhas faltas. Tornar-me-ei despido de vaidade, de orgulho e de inveja como estarei sempre pronto a perdoar o mal que de outros receba e dedicar fraternal amor ao próximo. Que o Pai favoreça a saúde e a felicidade em meu lar. Que pelo trabalho honesto do meu esforço obtenha o necessário para a minha

---

[87] Idem.

manutenção e de meus entes queridos. Que o pão ganho assim com o suor de meu rosto não baste só para o nosso lar, mas sobretudo para que possamos repartir com os verdadeiros pobres e necessitados que encontramos em nosso caminho ou batam à nossa morada em busca de auxílio. Rezar um Pai-nosso e uma Ave-Maria.[88]

Uma das características das devoções marginais urbanas são as reproduções de orações que são distribuídas em grande quantidade. Um meio eficaz de propagação da devoção. A oração a "Santa Izildinha" não é muito divulgada nas igrejas da capital paulista. Ela se concentra mais no Cemitério São Paulo, no túmulo onde um dia seus restos mortais estiveram. Na capital, ela é uma típica devoção de cemitério, como as demais que citamos acima, mas em Monte Alto ela ganhou outras dimensões. "Todos os anos, a cidade organiza uma festa em homenagem à 'santa', no período de 13 a 20 de junho, quando pelo menos 4 mil pessoas de vários estados visitam o mausoléu e rezam novenas".[89] Dentro do mausoléu construído para a 'santa' está o seu caixão, que pode ser observado pelos fiéis através de uma redoma de vidro.

Dentre as mulheres consideradas "santas" ou "milagreiras" nos cemitérios do Brasil, está também Maria Francelina Trenes, a "Maria Degolada dos Amores Contrariado", morta na Vila Maria da Conceição, no Bairro Partenon, em Porto Alegre. Diz a lenda que ela foi degolada aos 21 anos por seu amante enciuma-

---

[88] Cf. Oração à Menina Izildinha. (O Anjo do Senhor). Anônimo.
[89] RODRIGUES, Ernesto. "*População elege 'santos' na região*". In *Folha de Ribeirão*, s/d.

do, um soldado da Brigada Militar Gaúcha. A Folha de S.Paulo, do dia da mulher de 2003, trouxe a seguinte reportagem sobre a história dessa devoção marginal, a "Maria Degolada":

> A crendice e o período político conturbado vivido no Rio Grande do Sul no final do século XIX serviram para vitaminar a história de Maria Degolada, venerada como santa dos amores contrariados. Maria Francelina Trenes, 21 anos, foi assassinada pelo amante, Bruno Soares Bicudo, soldado da Brigada Militar (PM gaúcha), em 1899. Depois de uma discussão por motivos fúteis, o soldado Brum, como era conhecido, a degolou. O local do crime, na época chamado de morro do Hospício, atual Vila Maria da Conceição, atrai romarias. Os fiéis pedem a aproximação de casais e curas milagrosas. Como oferenda, depositam véus de noiva, flores e velas.[90]

Saindo do Estado do Rio Grande do Sul e indo ao Estado do Ceará, Nordeste brasileiro, encontramos outra devoção de cemitério. É a dedicada a Isabel Maria da Conceição, conhecida como a "Santa protetora das esposas espancadas e das mulheres traídas". Sua morte, segundo relatos, ocorreu no ano de 1929, vítima de espancamento do marido. Dizem que teve o cabelo cortado e que foi jogada em um precipício na Serra de Guaraciaba do Norte, Ceará. Na beira da estrada onde ela morreu, entre Guaraciaba do Norte e Reriutaba, foi construída uma capela, que se tornou centro de romarias. A maioria das peregrinações nesse local é feita por mulheres, geralmente vítimas de violência

---

[90] Cf. *Folha de S.Paulo*, Caderno Cotidiano, C 4, 8 de março de 2003.

doméstica ou que não pedir por parentes, familiares ou amigas que sofrem ou sofreram esse tipo de violência, que são ou foram traídas pelos maridos.

Segundo descrição de Kamila Fernandes, da Agência Folha, em Guaraciaba do Norte,

> o culto a Isabel Maria da Conceição, conhecida como finada Isabel, é feito numa pequena capela na beira da estrada que liga Guaraciaba do Norte a Reriutaba, na Serra da Ibiapaba, a 350 quilômetros de Fortaleza, local onde ela teria sido morta pelo marido, em 1929.[91]

A devoção marginal também sobrevive de oferendas, votos e ex-votos, como as devoções oficiais. Nesse caso, os votos e ex-votos correspondem às especificidades da "santa". Pede-se, na maioria dos casos, pelas situações de violência familiar ou por pessoas que estão se "desviando do caminho correto". Oferecem-se como ex-votos os símbolos das graças alcançadas correspondentes às situações vividas, como constatamos nos relatos abaixo:

> Vidros de remédios vazios são deixados no altar enfeitado com flores artificiais velhas. Os fiéis levam ex-votos (esculturas em madeira que representam parte do corpo curada), roupas, fotos, velas e fogos de artifícios para agradecer as graças que acreditam ter alcançado por intermédio da "alma da santa".[92]

---

[91] FERNANDES, Kamila. Idem.
[92] Idem.

Os relatos de graças alcanças são inúmeros, o que motiva a propagação da devoção, mas não a retira da zona de marginalidade. Marginal em duplo sentido, tanto por estar às margens da estrada, como a maioria das capelas de devoção a pessoas mortas (as almas), quanto por estar às margens dos cultos devocionais reconhecidos pela Igreja Católica.

A maioria dos relatos de milagres é oral ou por meio de pequenos rabiscos em fotos, objetos ou textos curtos. Como o grande número de pessoas que frequentam o local é analfabeta ou semianalfabeta, é comum a divulgação oral dos "milagres". Essa, como já citamos acima, é uma das características da devoção marginal. A devota Maria Souza Nascimento, frequentadora assídua da capela dedicada à finada Isabel Maria da Conceição, mesmo não sendo analfabeta, mantém a tradição da divulgação oral das graças alcançadas, como nos mostra a descrição recolhida por Kamila Fernandes:

> Maria Souza Nascimento, conhecida como dona Maura, é catequista da igreja de Guaraciaba do Norte e considerada pelos fiéis a rezadora oficial da capela de finada Isabel. Ela mesma já fez cinco promessas, uma delas para curar um sobrinho, que "estava no mau caminho". Ela diz que, depois da oração, ele voltou para casa e melhorou. Quase todos os dias pela manhã, dona Maura caminha de sua casa até a capela, um percurso de 2 quilômetros, para rezar o terço a pedido de outras pessoas.[93]

Um outro relato de promessa recolhido no local, corresponde a Altair Fernandes, aposentada de 70 anos, devota da "santa" desde criança:

---

[93] Idem.

> Minha mãe fez promessa para a finada Isabel curar meu pai, para ele parar de beber. Depois disso, ele nunca mais bebeu, até morrer.[94]

A devoção marginal é mantida e alimentada pela dedicação dos devotos, que praticam rituais que visam a manutenção do espaço sagrado e da fé nele manifestada. Esses rituais variam de acordo com o local, a tradição e a cultura dos povos da região. No caso acima, a manutenção do sagrado se dá, entre outros elementos, por meio da oração do terço que dona Maura faz questão de exercitar todos os dias.

O surgimento dessa categoria de devoção tem sempre algo similar. São pessoas que foram vítimas de alguma tragédia ou que passaram por grandes sofrimentos ou doenças que as levaram à morte. No caso de Isabel Maria da Conceição, a história é mais ou menos assim:

> A crença de que Isabel é santa nasceu logo depois de sua morte. Aos 28 anos, ela foi espancada e morta pelo marido, conhecido como Zé Passarinho, que tinha ciúmes de sua beleza. Depois, ela foi jogada por ele em um penhasco, mas seu corpo teria ficado preso em uma árvore. Essa árvore, segundo a crença popular, continua intacta até hoje.[95]

Os traços de morte violenta parecem aguçar a curiosidade e a crença dos fiéis de que a vítima, indefesa, tornou-se santa e agora advoga junto a Deus nas causas similares. No fundo, segundo

---

[94] Idem.
[95] Idem.

Mauss, "trata-se de manifestar e de restabelecer a comunhão com a coisa sagrada essencial".[96] A violência sofrida no corpo muda a condição da alma, tornando-a, portanto, santa e possibilitadora de milagres. Segundo Durkheim, "a alma, portanto, só poderia tornar-se espírito com a condição de se transformar".[97] De acordo com o que povoa o imaginário popular dos animitas, dependendo da condição da morte, e, nesses casos, os atos de violência, essa transformação da alma ocorre fazendo com que uma pessoa comum torne-se, após a morte, portadora de uma alma milagreira. "A simples aplicação das ideias precedentes ao fato da morte produz naturalmente essa metamorfose".[98] A santidade é confirmada pela violência, que tem função apaziguadora, conforme mostra um trecho da oração que é distribuída aos fiéis na capela dedicada a Isabel. Diz a oração:

> [...] Valei-me, na vossa condição de protetora, que foste escolhida pelas esposas espancadas e mulheres traídas, na minha aflição, alcançando-me a graça de que tanto necessito [...].[99]

---

[96] MAUSS, Marcel. "Definição da sugestão coletiva da idéia de morte". "Tipos de fatos australianos". In *Sociologia e Antropologia*. São Paulo: Cosac & Naif, p. 356.
[97] DURKHEIM, Émile. As principais concepções da religião elementar. O animismo. In *As Formas Elementares de Vida Religiosa*. São Paulo: Paulinas, p. 83-84.
[98] Idem., p. 84.
[99] Cf. *Folha de S.Paulo*, Caderno Cotidiano, p. C4, 8 de março de 2003. O autor do texto é desconhecido.

A alma adquire poder e, como quer Durkheim, "o poder das almas cresce com tudo o que lhe atribuímos, de maneira que o homem acaba por ser prisioneiro desse mundo imaginário de que ele é, no entanto, o autor e o modelo".[100] São criações ou atribuições que a própria pessoa elabora e atribui à alma de determinada pessoa, fazendo dela uma espécie de divindade. De acordo com Durkheim, a pessoa "cai na dependência dessas forças espirituais que ela mesma criou à sua própria imagem". Recria-se em torno da divindade da alma e de seus poderes miraculosos situações virtuais que possibilitem resolver situações reais do dia a dia das pessoas comuns. As almas tornam-se seres poderosos que detêm a força sobre a saúde e a doença e tantas outras realidades conflituosas vividas pelas pessoas. "Porque se as almas dispõem a esse ponto da saúde e da doença, dos bens e dos males, é prudente conquistar a sua benevolência ou apaziguá-las quando estão irritadas: daí as oferendas, os sacrifícios, as orações, numa palavra, todo o aparato das observâncias religiosas."[101] Todos os rituais religiosos, exercidos em torno dessa categoria de devoção, levam em consideração esses dados observados por Tylor e Durkheim. "Temos então a alma transformada, de simples princípio vital, que anima o corpo de um homem, a espírito, gênio, bom ou mau, divindade até, conforme a importância dos efeitos que lhe são imputados".[102]

---

[100] DURKHEIM, Émile. As principais concepções da religião elementar. O animismo. In *As Formas Elementares de Vida Religiosa*. São Paulo: Paulinas, p. 84.
[101] Tylor, II, p. 143ss. In *idem.*, p. 84-85.
[102] DURKHEIM, Émile. op.cit., p. 85.

Um dado curioso nessa devoção marginal feminina é o fato de que os fiéis não são apenas mulheres. "Apesar de ser considerada protetora das mulheres traídas e espancadas, a finada Isabel tem também fiéis homens", diz Kamila Fernandes, agente que realizou as entrevistas. Ela nos conta que "os homens fazem pedidos variados, como de emprego e dinheiro". Alguns desses pedidos e opiniões masculinas foram registrados e os transcrevemos abaixo:

> Não sei se ela é santa, mas acho que é como a Madre Teresa de Calcutá e a Irmã Dulce, que, pela vida que tiveram, têm uma alma milagrosa.[103]

Segundo Fernandes, esse relato é de um comerciante, chamado Francisco Mendes Bezerra, de 70 anos, conhecido como Bezerrinha, que "chorou ao falar que acreditava que a fé na alma de Isabel o ajudou a se curar de um câncer. Para agradecer, mandou rezar uma missa em frente à capela".[104] Outro relato masculino vem de Eliseu Félix Neves, de 35 anos, dono de um botequim na comunidade de Bananeiras, em Guaraciaba do Norte.[105] Diz ele que:

> ainda "deve" uma promessa a Isabel [...] todos os pedidos que já fez foram atendidos, inclusive a cura da filha, hoje com nove anos, que, em 1999, sofreu um traumatismo craniano depois de um acidente de carro. 'Ela foi operada e

---

[103] Idem. Relato de Francisco Mendes Bezerra, o Bezerrinha, recolhido pela agente Kamila Fernandes.
[104] Idem.
[105] Idem.

hoje está aí, inteirinha, graças à força da santa'. Como agradecimento, ele pediu que um artesão fizesse um ex-voto que representasse a cabeça ferida da menina.[106]

Sobre a relação do fiel e o santo, que se dá por meio da promessa, a devota Maria Barreto da Silva, de 50 anos, disse:

> A gente pede pelo amor de Deus para a pessoa fazer a escultura, senão a promessa não dá certo. Não pode pagar para fazer nem comprar uma peça pronta.[107]

Esse aspecto da promessa é peculiar na devoção marginal. A característica da gratuidade tem de estar presente nessa relação de troca simbólica. O objeto oferecido ao santo não pode ser comprado. É um relacionamento não só de dádiva, mas de sacrifício, ato purificador da ligação com o sagrado. A promessa funciona como um contrato, apesar de ser considerada por parte de quem promete uma ação voluntária e gratuita. Segundo Mauss, essas transações apresentam um "caráter voluntário, por assim dizer, aparentemente livre e gratuito, mas, no entanto, obrigatório e interessado, dessas prestações".[108] A negociação do fiel com a alma é um acordo que, embora tenha a aparência de dádiva, não deixa de ter uma obrigação de retribuição. Mauss ajuda a confirmar que "elas assumem quase sempre a forma de regalo, do presente oferecido generosamente, mesmo quando, nesse ges-

---

[106] Idem.
[107] Idem. Relato de Maria Barreto da Silva.
[108] MAUSS, Marcel. "Da dádiva e, em particular, da obrigação de retribuir os presentes". In *Sociologia e Antropologia*, São Paulo: Cosac & Naify, p. 188.

to que acompanha a transação, há somente ficção, formalismo e mentira social, quando, na verdade, há obrigação e interesse econômico".[109] Essa relação de troca contida na promessa é uma combinação de interesses, pois espera-se receber as benesses da divindade (aqui nesses casos, da alma cultuada), e a alma, por sua vez, segundo o imaginário do devoto, recebe suas recompensas perante Deus. O fiel acredita, por exemplo, que com sua oração, uma alma que se encontra no purgatório poderá sair dele e entrar no céu, por meio da força da oração. O que nos interessa é a dimensão da troca e da dádiva contida na promessa ou em outras formas de relacionamento entre o fiel e a alma cultuada.

De acordo com Durkheim (1989: 84-85), se as almas são detentoras de poderes, dentre eles os de conceder saúde ou doenças ao devoto, ou outras atribuições, sejam elas boas ou màs, justifica-se a prática de oferendas e sacrifícios. Uma forma de expressar tais práticas é participar das romarias e peregrinações aos espaços sagrados onde se cultuam almas, ou seja, nos cemitérios ou locais onde ocorreu a morte da pessoa cuja alma é cultuada. Essa prática é uma manifestação de sacrifício, como afirma Fernandes:

> Não há data fixa de romaria. Caminhadas acontecem de vez em quando, sempre que alguém precisa, iniciando da sede de Guaraciaba do Norte, a 8 quilômetros da capela. Diariamente, porém, fiéis soltam fogos de artifícios em frente à capela para homenagear a finada Isabel.[110]

---

[109] *Folha de S.Paulo*, Caderno Cotidiano, p. C 4, 8 de março de 2003. Relato de Maria Barreto da Silva.
[110] Idem.

Além dessa devoção marginal acima citada, encontramos outra no interior do Estado de São Paulo, que possui características idênticas. É um caso típico dessa categoria de devoção, onde, segundo Durkheim, "para que tal alma se tornasse objeto de culto, foi necessário que ela deixasse de ser simples réplica do indivíduo e adquirisse as características necessárias para ser colocada na galeria dos seres sagrados"[111], ou seja, merecesse ser digna de culto. Conhecida como a "santa da gravidez impossível", o título é atribuído a Maria Conceição de Barros, morta em 1928, em Franca, interior de São Paulo. As virtudes que lhe atribuem vêm do fato de ter sido vítima de violência, sem poder se defender, e ainda carregando no ventre uma criança inocente. Ela passou de vítima a protetora das mulheres violentadas ou com problemas na gravidez. Dizem os moradores que a "santa" arrasta cerca de 2.400 pessoas por mês até o Cemitério da Saudade. "Aqui, 99% do movimento é em torno dessa sepultura", disse o administrador do cemitério, Leondenizio Alves, à reportagem da Folha de S.Paulo.[112] Assim contam os relatos orais:

> Ela teria sido uma prostituta da capital paulista que engravidou de um estudante de Franca. Ao procurá-lo na cidade, a família dele teria mandado matá-la. O processo judicial que está no arquivo histórico, no entanto, afirma que ela se suicidou.[113]

---

[111] DURKHEIM, Émile. *As Formas Elementares de Vida Religiosa*, São Paulo: Paulinas, p. 94.
[112] Cf. *Folha de S.Paulo*, Caderno Cotidiano, p. C4, 8 de março de 2003.
[113] Idem.

A reportagem feita no local recolheu o dado de que "no mesmo cemitério foi enterrado o ex-namorado de Maria Conceição de Barros, Nhozinho Junqueira. O local é conhecido como 'o túmulo que chora'". Segundo o que disse o diretor do arquivo histórico à equipe de reportagem, Sr. José Chiachiri, "corre uma água incessantemente do túmulo dele para o dela". Esses fatos povoam o imaginário da devoção, fortalecendo a crença na alma dessas pessoas (Maria e o suposto namorado), como intercessoras nas situações de sofrimento.

Frente ao comportamento dos fiéis diante desse e de outros tipos de morte, no mínimo paradoxal, retomamos os questionamentos levantados por Durkheim, nas *Formas Elementares de Vida Religiosa*. Questiona ele: "Se, em vida, ela não era mais que coisa profana, princípio vital ambulante, como se tornaria, de repente, coisa sagrada, objeto de sentimento religioso? [...] Porque então os vivos teriam visto nesse duplo desenraizado e vagante de seu companheiro de ontem algo mais que semelhante?".[114] É um fato intrigante, pois Maria da Conceição de Barros não se enquadrava ao modelo de santidade que a sociedade elabora, pelo contrário, dizem que era prostituta. Seu namorado, apesar de ser de família tradicional, inseriu no seu histórico um duplo homicídio doloso: o assassinato da namorada e do filho que ela gerava. Percebe-se que há um grande intervalo entre o sagrado e o profano, mas que é extinto pela morte e os elementos que a circundam. Tais fronteiras se confundem, numa espécie de inversão de papéis e situações. Segundo Durkheim, "esse intervalo aparece ainda mais real quando se conhece o

---

[114] DURKHEIM, Émile. Op. cit., p. 94.

abismo que separa o mundo sagrado do profano, porque é evidente que simples mudança de grau não poderia ser suficiente para fazer uma coisa passar de uma categoria a outra".[115] É isso que mais intriga nas devoções de cemitérios que envolvem situações paradoxais, com princípios muitas vezes beligerantes. A mudança de grau, nesse caso, foi suficiente para fazer passar de uma categoria para outra: de prostituta a santa. Como quer Durkheim, "os seres sagrados não se distinguem dos profanos pelas formas estranhas ou desconcertantes que se apresentam ou pelos poderes mais extensos de que gozam, mas entre uns e outros não há denominador comum"[116], e, de forma inconsciente, o fiel sabe fazer na sua ação essa distinção imaginária. "Diz que, uma vez saído do corpo, ela pode fazer aos vivos muitos bens ou muitos males, segundo a maneira com que as trata".[117] A mudança essencial do profano para o sagrado pode também ocorrer derivada do tipo de ação através da qual o fiel se relaciona com a alma da pessoa falecida. O mais comum é um relacionamento de respeito e temor, mesmo que a pessoa não tenha sido modelo de santidade em vida. Durkheim diz que "certamente, no sentimento que o fiel experimenta pelas coisas que adora, há sempre alguma reserva e algum temor; mas trata-se de um temor *sui generis*, feito de respeito mais que de terror".[118]

---

[115] Idem., p. 95.
[116] Idem.
[117] Idem.
[118] Idem.

Ainda na cidade de Franca-SP, há outro caso análogo. Uma lenda sobre a "alma milagrosa"[119], que fortalece a devoção marginal no cemitério da cidade. Com características similares de violência, a descrição oral afirma que numa sepultura, envolta em mistérios, está o corpo de uma escrava morta no final do século XIX de maneira cruel. Na sepultura não consta nome nem data, o que possibilita que o devoto exercite sua imaginação, acrescentando ao espaço uma aura de mistério.

O mistério, segundo Durkheim, está ligado ao sobrenatural. Segundo ele, "uma noção que geralmente é considerada como característica de tudo aquilo que é religioso é o sobrenatural".[120] Portanto o sobrenatural, que envolve a devoção a certa alma – de um modo especial, a alma de alguém que sofreu morte de forma violenta ou que foge dos padrões da normalidade, como é o caso da prostituta e o da escrava –, cria em torno do episódio uma aura extraordinária e miraculosa, elemento motivador do culto. Para Durkheim, por sobrenatural "entende-se toda ordem de coisas que vai além do alcance do nosso entendimento; o sobrenatural é o mundo do mistério, do incognoscível, do incompreensível".[121] Histórias misteriosas e paradoxais como essas, que giram em torno de assassinatos ou de mortes de formas obscuras, estão repletas de situações e de elementos incompreensíveis, favorecendo a atribuição ao sobrenatural. A devoção às almas seria, assim, uma espécie de abstração de tudo aquilo que escapa ao entendimento, mas não

---

[119] As referências sobre "a alma milagrosa", do Cemitério de Franca-SP, foram recolhidas da reportagem feita pela *Folha de S.Paulo*. In Caderno Cotidiano, p. C4, 8 de março de 2003.
[120] DURKHEIM Émile. Op. cit., p. 54.
[121] Idem.

aos sentimentos. É, segundo Spencer, "uma crença na onipotência de alguma coisa que supera a inteligência".[122]

Um outro fato misterioso, ao qual também é conferido o dado de sobrenatural, e para não fugir à regra de que a maioria dos túmulos milagreiros são de mulheres violentadas, é o caso "Sebinca Christo", conhecida na cidade de Lages como "A Cigana". Diz o texto:

> A cigana Sebinca Christo era uma pessoa bastante popular em Lages, entre as décadas de 1950 e 1960. Certo dia, em 1965, Sebinca foi assaltada, torturada, estuprada e assassinada em uma rua da cidade. Enterrada, começou a operar milagres.[123]

Essa devoção à alma da cigana, bem como nas outras já vistas (a prostituta e a escrava), peculiar, foge às características preestabelecidas das demais devoções. Todas foram pessoas, de uma maneira ou de outra, marginalizadas e vítimas de violência. Uma prostituta, uma escrava e uma cigana. É certo que não é só o sentimento de mistério, como o fator do sacrifício da vítima, que desempenha papel importante nessas devoções, sobretudo nas devoções às almas. Elas passam a ser referenciais que atuam como protetoras ou apaziguadoras de todas as formas de violência ou crueldade, pois o sacrifício tem função sacralizadora. Atribuir ao ato brutal, como o assassinato, uma forma de sacrifício, ajuda a minimizar o aspecto violento contido nesta ação e, acima de tudo, santifica a vítima, numa transformação simbólica que transmuda do profano para o sagrado determinada realidade. Segundo Durkheim, nesses rituais

---

[122] SPENCER. *Primiers Principes*, p. 38-39, F. Alcan, Paris. In Émile Durkheim, op. cit., p. 55.
[123] Cf. Jornal *A Notícia*, 3 de fevereiro de 2000.

simbólicos, caracterizados pelo sacrifício, "se encontram, sob a forma mais elementar atualmente conhecida, todos os princípios essenciais de grande instituição religiosa que foi chamada a tornar-se um fundamento do culto positivo nas religiões superiores: a instituição sacrifical".[124] No catolicismo, orientado pela doutrina cristã, o sacrifício tem função primordial. Cristo foi oferecido em sacrifício num ato apaziguador da violência contextual de sua morte. O sacrifício, como quer Robertson Smith, deixa de ser "apenas uma espécie de tributo ou homenagem, obrigatório ou gratuito [...]"[125], para ganhar a dimensão de refeição. Algo que alimenta a divindade a quem o sacrifício é oferecido. "Além disso, trata-se de uma refeição da qual os fiéis que a oferecem participam ao mesmo tempo que o deus a quem ela é oferecida".[126] Cria-se, portanto, um estreito elo de ligação entre a divindade e o fiel. Nada mais comovente a Deus, segundo o catolicismo popular, de vertente marginal, que um ato de sacrifício. Segundo Smith[127], esses atos chegam a estabelecer com Deus "laços de parentesco", tão próximo o fiel se sente da divindade. Toda essa associação feita com certos tipos de morte e que depois se tornam alvo de veneração e culto formam aquilo que classificamos como devoção marginal, que se encontra muito presente nos cemitérios de todo o país, como veremos a seguir.

O Jornal da Tarde, do dia 2 de novembro de 2001, apontou uma fecundidade de outros "milagreiros" nesse campo religioso da capital paulista:

---

[124] DURKHEIM Émile, *Os Elementos do Sacrifício*, III, op. cit., p. 405.
[125] Cf. The Religion of the Semites, lectures VI-XI, e o artigo "Sacrifice" na Encyclopedia Britannica. In Émile Durkheim, *Os Elementos do Sacrifício*, III, op. cit., p. 405.
[126] Idem.
[127] Idem.

Nos cemitérios municipais não faltam milagreiros. São 22 mortos a quem, por motivos desconhecidos, são atribuídos os mais diversos poderes. Esses túmulos, junto com os de pessoas famosas, foram os mais visitados [...].[128]

Podemos citar o Cemitério da Quarta Parada, onde se encontra o túmulo de Filisbina Müller, considerada uma das almas milagreiras da capital paulista. Seu sepultamento data de 9 de setembro de 1923, portanto início do século passado, como a maioria das "almas milagrosas". Com isso verificamos que a primeira década do século XX foi fecunda no surgimento de devoções às almas, o que nos leva a questionar o porquê desse período ter tido uma propagação tão grande dessa categoria de devoção. A resposta está no fato de que esse período foi bastante sangrento na história da humanidade: as duas grandes guerras mundiais, o período de governos ditatoriais e fascistas, com inúmeras mortes violentas, expondo nos meios de comunicação torturas, com requintes de crueldade, como foi o nazismo alemão e outros regimes que ceifaram a vida de muitos inocentes. O imaginário religioso busca formas de compensações da violência, criando santos para interceder por aqueles que continuam sofrendo essas ou outras formas de violência.

No Cemitério da Quarta Parada, na zona leste de São Paulo, está a sepultura de Filisbina Müller. O corpo dela foi sepultado em 9 de setembro de 1923. Ninguém sabe quando nasceu. O que chama a atenção é que o seu corpo permanece intacto. 'Já tentaram retirar várias ve-

---

[128] Cf. *Jornal da Tarde*, 2 de novembro de 2001.

zes, mas é impressionante, a mulher não fica deteriorada e até os cabelos estão do mesmo jeito', disse o jardineiro Francisco Pereira Almeida, de 43 anos, que há 20 trabalha no cemitério e já presenciou várias tentativas de exumação. O túmulo dela tem mais de 350 placas de agradecimento por graças alcançadas. Uma placa é colocada sobre a outra, e os motivos são os mais diversos: ter entrado em doutorado na Universidade de São Paulo; no exame da Aeronáutica; a cura da mãe e outros. "Não acredito nessas coisas, mas também já fiz meus pedidos e deu certo. Acendi duas dúzias de velas para ela", contou Francisco.[129]

Em São Paulo, pela sua dimensão de maior metrópole do Brasil, não poderia ser diferente. Os inúmeros cemitérios escondem um campo fecundo para as devoções marginais, principalmente devoções às almas de mulheres que são veneradas por outras mulheres. Podemos recordar também, entre os que já citamos, o túmulo de "Mãe Felícia", no Cemitério do Araçá, em São Paulo, que revela a face sincrética dessa devoção, e os túmulos de "Marina Portugal" e "Marquesa de Santos".

As devoções marginais, de cunho feminino, das quais as mulheres são as maiores divulgadoras, têm, entre outras, a função de resgatar a figura da mulher, marginalizada nos espaços sociais do sagrado – um espaço simbólico inclusivo, mesmo que esse espaço pertença à dimensão do transcendente ou do imaginário.

---

[129] Idem.

7. *Devotio Pueris*: A Veneração às Almas de Crianças

Além das devoções às almas de mulheres que morreram de forma violenta, há outro seguimento dentro das devoções marginais: é o culto às almas de crianças. Essa devoção tem algumas variações ou classificações internas. Podem ser meninos ou meninas que tenham tido óbito de morte natural, que foram vítimas de alguma doença ou morreram de forma trágica. Sobressaem as devoções às crianças que foram assassinadas. Dessas devoções direcionadas às crianças temos alguns registros que já foram citados, como o da menina Maria Izilda de Castro, a "Santa Izildinha" (Monte Alto-SP); Antoninho da Rocha Marmo (Cemitério da Consolação, em São Paulo); Menino da Tábua (Cemitério da Cidade de Maracaí-SP); a menina Ana Lídia Braga; às meninas de Taubaté-SP (Danielle, Janaína e a "Menina Santa"). Em Concórdia-SC encontra-se descrição similar: a sepultura da "Menina Milagrosa", uma das mais concorridas no dia de finados.

Dizem que uma menina que andava pelas ruas de Concórdia teria morrido e foi enterrada no antigo cemitério da cidade. Quando ocorreu a transferência dos mortos do antigo cemitério para o atual, surgiu o mito da "Menina

Milagrosa". Quando seu túmulo foi aberto, a menina teria sido encontrada com o corpo intacto, como se estivesse sido enterrada naquele mesmo dia.[130]

Sobre esse caso, recolhemos mais essa descrição:

> Os fiéis da Menina Milagrosa enfeitam o local como se ela pertencesse a uma família normal. Quem construiu o túmulo atual foi Frederico Detófano. Ele acredita que a menina possui poderes milagrosos e diz já ter alcançado várias dádivas. Todo ano, Frederico comparece ao cemitério municipal no Dia de Finados para renovar suas promessas. Ele acredita que a fé na Menina Milagrosa vem crescendo de maneira espontânea, já que não existe nenhum esquema de divulgação.[131]

O intrigante dessa devoção é que ela representa o obscuro, o desconhecido, como tantas outras que encontramos. Ninguém sabe ao certo a origem e quem foi essa menina. Talvez isso incite a curiosidade e dê asas à imaginação dos fiéis, que atribuem a ela poderes sobrenaturais. Dizem que a devoção surgiu nas rodas de conversa entre as pessoas que frequentam o cemitério e acabaram se perpetuando.

No Cemitério da Vila Formosa, em São Paulo, encontra-se o túmulo da menina Débora, que, segundo relatos, foi morta e esquartejada pela madrasta, em 1983, quando tinha quatro anos. Débora ocupa hoje a sepultura de número 666 do Cemitério da

---

[130] Reportagem. *Jornal de Concórdia*, s/d.
[131] Idem.

Vila Formosa, que vive cercado de flores, balas, pedidos escritos em papel e fotos. Há um outro, no Cemitério da Penha, zona leste de São Paulo, de nome Cézar Rodrigues Aguiar, o Cezinha. Dizem que faleceu com apenas cinco anos, vítima de meningite. Desde sua morte, ocorrida no ano de 1908, fiéis costumam depositar em seu túmulo brinquedos, alimentos e doces. Deixar doces na sepultura ou outros tipos de alimentos é muito comum nessa categoria de devoção, principalmente quando se trata de crianças. Os pedidos são os mais diversos, mas graças envolvendo crianças doentes são as mais frequentes.

Durkheim, citando Robertson Smith, ao tratar dos "elementos do sacrifício", afirma que o ato de oferecer alimentos à divindade, "em primeiro lugar, trata-se de refeição; são alimentos que constituem a sua matéria. Além disso, trata-se de refeição da qual os fiéis que a oferecem participam ao mesmo tempo que o deus a quem ela é oferecida".[132] É uma forma de continuar alimentando e, ao mesmo tempo, participando ou mantendo vínculos com aquela pessoa cuja alma é cultuada. O ato de oferecer alimento a pessoas que já morreram é outro dado que revela o sincretismo religioso nessa devoção livre, uma vez que tal prática é típica de algumas religiões de origem africana. Os resultados dos "despachos" dessas religiões feitos nos cemitérios, muitas vezes, se confundem com os materiais (alimentos) de oferenda feitos pelos praticantes de devoções marginais, católicos. Eduardo Coelho Morgado Rezende, ao estudar os espaços dos cemitérios, constatou que "os umbandistas, os catadores de resina e os moradores de rua fecham um ciclo próprio. Enquanto os religiosos às

---

[132] DURKHEIM, Émile. "Os elementos do sacrifício", III, op. cit., p. 405.

segundas e sextas-feiras buscam o local para fazer oferendas aos seus ídolos, os catadores e mendigos alimentam-se das comidas e bebidas dos despachos".[133] De uma pesquisa feita pela Folha de S.Paulo, no Cemitério de Vila Formosa, onde se encontra o túmulo da menina Débora, local que recebe muitas oferendas de alimentos, recolhemos o seguinte relato:

> [...] Antônio Brito de Lima, 34 anos, recolhia uma galinha preta, ainda viva, e mais farofa e champanhe. "É só de vez em quando que eu como comida de macumba", disse. Regina Maria da Silva, 43 anos, mulher de Brito, preparava a água para cozinhar a galinha. "Tenho cinco filhos e sempre comi essa comida. É uma judiação, mas nunca me fez mal. Às vezes pego pente e perfume bom", afirmou.[134]

Ainda nessa mesma reportagem, temos outro caso de pessoas que se alimentam das oferendas das almas:

> [...] Joel Brito, 49 anos, esticava os braços em uma cova para pegar a aguardente de um despacho. [...] "do túmulo da Débora não pegamos nada. Tadinha dela, né?", diz Brito.[135]

O conceito de alimentação tem aqui vários sentidos. Um deles é o literal, explícito nos dois relatos acima, e está relacionado às pessoas que não estão diretamente envolvidas pela de-

---

[133] Eduardo Coelho Morgado REZENDE. Metrópole da morte, necrópole da vida, 2. ed., São Paulo: Carthago Editorial, 2000. In *Folha de S.Paulo*, s/d.
[134] Idem.
[135] Idem.

voção às almas. O outro é simbólico, e diz respeito aos fiéis que cultuam às almas. Por meio da oferenda de alimentos procura-se, num sentido figurado, alimentar uma relação espiritual entre o depositário da oferenda e a alma cultuada. São rituais que têm função contratual. Uma espécie de pacto ou compromisso assumido com a suposta alma milagreira. Possuem as mesmas características da promessa, como quer Max Weber, com a expressão *do ut dês*.[136] Ou seja, um toma lá dá cá. Um terceiro sentido, e esse um pouco mais distante, relaciona-se com o que classificou Marcel Mauss de "sacrifício alimento". Segundo R. Smith, quando os fiéis oferecem à divindade alimentos, "o rito tem por objeto entreter e garantir a vida em comum que os anima e a associação que os liga".[137] É uma forma de manter vínculos e restabelecer a unidade desintegrada pela morte. A refeição comum é um dos meios para alcançar esse resultado.[138] É o restabelecimento da aliança rompida. A oferenda em forma de alimentos representa um dom do devoto para a divindade e, nos casos aqui analisados, um dom para a alma devotada. Essa relação de oferenda de alimentos é mais explícita quando se trata de alma de crianças. Permanece no imaginário do devoto aquela sensação de fragilidade e dependência próprio das crianças.

---

[136] WEBER, Max. Sociologia de la comunidad religiosa. In *Economia e Sociedad* I, 1964, p. 344.
[137] MAUSS, Marcel. Ensaio sobre a natureza e a função do sacrifício (1899). In *Ensaio de Sociologia*, p. 142.
[138] Idem.

Encontramos outro caso de devoção à alma de crianças no Estado de Santa Catarina, na cidade de Vargem do Cedro. É a história de Albertina Berckenbrock, descendente de alemães que protagonizou uma história de barbárie e tornou-se uma espécie de "mito fundante" da devoção marginal a crianças nessa região, marcadamente religiosa. Dessa história recolhemos a informação de que a menina foi degolada aos 12 anos, em 1931, por um homem que a violentou.[139] Quem contou o fato foi a irmã de Albertina, Maria Verônica Berckenbrock Foiser, conhecida na cidade por dona Mariquinha.

> Dona Mariquinha é uma moradora de Vargem do Cedro que traz na memória uma das histórias mais tristes e intrigantes de Santa Catarina [...]. Seus olhos muito azuis perdem um pouco o brilho quando fala da morte trágica da irmã, ocorrida exatamente no ano em que ela nasceu. Dona Mariquinha cresceu ouvindo a história. "O próprio assassino veio avisar meus pais de que tinha encontrado minha irmã morta. Ele ainda teve a frieza de levá-los até o corpo, que sangrava demais sempre que o assassino se aproximava."[140]

Testemunhas do fato achavam que esse acontecimento era um sinal de que Albertina estava tentando denunciar seu assassino. Não havia dúvidas de que se tratava de um milagre, fato que desencadeou a devoção a sua alma. Toda devoção marginal que surge nos cemitérios tem sua origem na narração de um ou mais fatos extraordinários, que os fiéis classificam como milagres.

---

[139] Informações extraídas da reportagem do Jornal *O Estado de São Paulo*, edição 158, 26 de fevereiro de 2002.
[140] Idem.

Segundo o imaginário popular, quando morre de forma brutal um inocente, ele pode passar a operar milagres e, na maioria dos casos, é concebido como defensor das vítimas de violência ou dos indefesos. A biografia dos "santos" reconhecidos pela Igreja Católica está repleta de situações similares. Um desses casos é o da menina Maria Goretti, assassinada por um rapaz que queria violentá-la.

O caso Albertina ocorreu na comunidade de São Luís, pertencente a Imaruí, município vizinho de São Martinho. O pequeno povoado encontrou na figura dessa menina uma árdua defensora das pessoas desprotegidas. Moradores das duas cidades esperam que a menina seja canonizada, mas isso não impede que a devoção e o culto a sua alma seja exercido na prática. O processo de beatificação foi encaminhado ao Vaticano em 1952. Em 16 de dezembro de 2006, o Papa Bento XVI assinou o decreto de beatificação e Albertina, a serva de Deus, foi beatificada em 20 de outubro de 2007.

No local onde Albertina foi assassinada erigiu-se uma capela, e lá são feitas orações, promessas são pagas, deixam-se ex-votos e muitas outras práticas típicas das devoções marginais. Além do altar, o local guarda vários objetos que pertenceram à menina e outros deixados pelos fiéis que peregrinam até ali em reconhecimento às graças alcançadas.[141]

Em São Paulo, no Cemitério da Consolação, encontramos um dos túmulos mais conhecidos de prática devocional à alma de crianças. É o túmulo de Antoninho da Rocha Marmo, que nasceu em 19 de outubro de 1918, na rua dos Bandeirantes, nú-

---

[141] Idem.

mero 24, no bairro de Santa Ifigênia, e morreu em 12 de dezembro de 1930, aos 12 anos, de tuberculose. Era filho de Pamfilo Marmo e Maria Isabel da Rocha Marmo.[142] Segundo depoimentos, durante sua breve existência manifestou preocupação com a situação das crianças pobres, que sofriam com a mesma doença que a sua. Antes de falecer, pediu aos pais que ajudassem a construir um hospital para crianças carentes. Desde então, tem fama de milagreiro. O ritual de devoção praticado nesse local segue as características dos outros que já citamos.

No seu túmulo há dezenas de placas com os dizeres "agradeço graça alcançada", que são deixadas pelos fiéis. Algumas citam que graça foi alcançada, como a que diz: "pela cura do cachorrinho Pingo". Além das placas, o local fica sempre repleto de flores e velas acesas. Segundo Carlos Augusto Gomes,

> ele é um dos mais populares milagreiros da cidade de São Paulo. Mesmo não sendo reconhecido oficialmente pela Igreja Católica, muitos o chamam de Santo Antoninho. Pela quantidade de agradecimentos em seu túmulo, os pedidos feitos a ele realmente funcionam. As graças não estão ligadas a problemas específicos, mas os fiéis acreditam que ele dá atenção especial a crianças e animais doentes.[143]

No hospital materno infantil, construído em São José dos Campos, interior de São Paulo, encontramos outro marco da de-

---

[142] Informações extraídas de arquivo, Empresa *Folha da Manhã Ltda.* In da *Folha da Noite*, 12 de março de 1947.
[143] GOMES, Carlos Augusto. "Antoninho da Rocha Marmo, o menino santo".

voção à alma desse menino. Dizem que numa viagem a Campos do Jordão (local privilegiado para o tratamento de tuberculose, por causa da altitude e do clima), Antoninho teria indicado aos pais um terreno, e que deveriam construir um hospital para tratar crianças vítimas dessa doença. De acordo com o relato de Gomes,

> após seu falecimento, sua mãe criou uma associação para iniciar as obras do hospital. Com a ajuda das freiras [...] o Sanatório – assim eram chamados os locais onde tuberculosos se tratavam na época – Antoninho da Rocha Marmo foi inaugurado em 1952. Na década de 1980, transformou-se em uma Maternidade.[144]

Antoninho ganhou logo fama de milagreiro, principalmente porque, segundo muitos fiéis, ele previu a própria morte. O próprio Gomes, em seu relato, elenca esse e outros motivos da propagação da fé na alma de Antoninho da Rocha Marmo:

> a fama de milagreiro de Antoninho começou logo após seu falecimento, em parte porque diz-se que ele previu sua própria morte. A popularidade cresceu mais depois de 1982, quando sua história foi contada em um especial de sucesso da Rede Globo. Seu túmulo vive cheio de pedidos e também agradecimentos – imagens e medalhas são vendidas em uma casa que pertenceu à sua família, localizada atrás do Cemitério da Consolação.[145]

---

[144] Idem.
[145] Idem.

Desde a sua morte, o local de seu túmulo – quadra 80, sepultura de número seis, no Cemitério da Consolação – recebe a visita de fiéis e curiosos, que querem saber sobre esse menino milagroso. Deixam ex-votos no local, acendem velas e colocam flores. Para ilustrar essa relação que mistura fé e curiosidade, colocamos abaixo a descrição de Flávia Celestino, de São Paulo, que mostra bem esse tipo de relação. Flávia, com respeito e humor, discorre como teve contato com o "Santo Antoninho da Rocha Marmo":

> [...] Essa aconteceu comigo e com o Ro. Tudo começou há um ano, quando o Ro sofreu um acidente de moto e estava mal no HC, todo mundo se apegou a todas as crenças que possuía, acho que todo mundo fez uma dezena de promessas para o Ro ficar bom logo e sair daquela. Bom, o Tico, entre uma de suas promessas, lembrou que sua mãe era devota de um santinho do Cemitério da Consolação. (Santinhos são pessoas que morreram e fazem milagres, eu nem sabia que eles existiam, mas o fato é que eles existem e várias pessoas se apegam a eles. Há pelo menos um em cada cemitério. Lá no Cemitério da Consolação existem vários santinhos, é muito interessante.) Pois bem, o Tico prometeu que se o Ro ficasse bom, ele iria lá no cemitério acender um maço de velas para o santinho. O tempo passou, e o Ro melhorou, aí chegou o dia: num belo domingo de sol, o Ro decidiu que iria acender a vela para o santinho em agradecimento à graça alcançada. Até aí, tudo bem! O Tico disse que deveríamos procurar o túmulo do Menininho da Pedra Mármore. Nós, que não somos muito confusos, transformamos o nome do santinho em Menininho do Pé de Mármore. Fomos ao cemitério. Chegando lá, procuramos e

nada. Aí perguntamos para um coveiro e ele nos disse que não conhecia o menininho, mas que sabia que no cemitério ao lado existia uma porção de santinhos. No cemitério ao lado? Como assim? É verdade, nós havíamos entrado no cemitério errado! "Mico" número 1! Saímos do Cemitério Presbiteriano e fomos para o Cemitério da Consolação. Chegando lá, vimos aquela infinidade de lápides, túmulos... encontramos até o túmulo de Monteiro Lobato! Acho que todas as famílias tradicionais de São Paulo têm um túmulo lá. Como sabíamos que não iríamos achar sozinho o túmulo do Menininho do Pé de Mármore, resolvemos perguntar para o coveiro. Por sua vez, ele nos disse que não havia nenhum menininho do pé de mármore. Então o Ro lembrou: "Não é do pé de mármore, é da pedra mármore!", e o coveiro disse: "Nem do pé nem da pedra, mas existe o túmulo de um menininho que faz milagres, é o Santo Antoninho!" Então, pensamos: "Vamos até lá ver, porque pode ser o mesmo". O coveiro disse que deveríamos virar à direita e seguir até o cruzeiro, depois deveríamos passar o cruzeiro e logo veríamos o túmulo. Andamos, andamos, andamos, não vimos o cruzeiro. Aliás, nem tínhamos ideia do que seria um cruzeiro. Perguntamos para uns pedreiros que estavam refazendo um túmulo se sabiam onde ficava, e eles disseram que não. Andamos mais alguns minutos, e nada. Aí o Ro ficou nervoso e voltou lá para perguntar de novo. O coveiro disse que o Cruzeiro era um lugar como uma pracinha, com uma cruz grande e um lugar para acender velas, e deu a mesma explicação. Bom, aí andamos e achamos o cruzeiro! Andamos e não achamos o túmulo, só encontramos uma mulher em frente ao cruzeiro rezando e chorando, demos mais uma volta, e quando já estávamos quase desistindo, encontramos o túmulo, e nessa hora a mulher que estava chorando e rezando estava lavando o túmulo do Santo Antoninho. O Ro olhou, olhou, e decidiu: 'É pra esse que eu vou acender as velas!'. Quando ele disse isso, eu reparei no nome do santinho: Antônio da Rocha Marmo, carinhosamente chamado de Antoninho da Rocha Marmo, o Santo Antoninho! Não tinha nada a ver com menininho da pedra mármore! Só sei que a gente riu muito depois, e o Ro pagou a promessa! Espero que o Antoninho não tenha ficado zangado! Acho que não. Aposto que ele riu muito dessa molecagem[146]. (*sic*)

A devoção às almas de crianças ou adultos, homens ou mulheres, enfim, o culto aos mortos, segundo Durkheim, não é *algo primitivo*[147]. Não representa aspectos de uma religiosidade de povos subdesenvolvidos. Pelo contrário, essa manifestação representa um relevante aspecto do antropomorfismo, e "o antropomorfismo é antes a marca de civilização relativamente avançada"[148], comparadas àquilo que Spencer, Smith e o próprio Durkheim classificaram como religiões primitivas. A devoção às almas é uma possibilidade de o ser humano construir na sua própria imagem seres sagrados, o que, segundo Durkheim, já representa um avanço. "Na origem, os seres sagrados são concebidos sob forma animal ou vegetal da qual apenas lentamente se desprendeu a forma humana".[149] O cristianismo, do qual faz parte o catolicismo, que por sua vez abriga essa facção religiosa

---

[146] CELESTINO, Flávia. Depoimento. 21 de janeiro de 2004. Publicado aqui com autorização, por escrito, da autora.
[147] DURKHEIM, Émile. As formas elementares de vida religiosa. Cap. II "As principais concepções da religião elementar". O animismo, IV, p. 98.
[148] Idem., p. 102.
[149] Idem.

das devoções às almas tem como símbolo máximo, a imagem de Deus figurado no homem. De acordo com Durkheim, "para encontrar um deus construído todo inteiro com elementos humanos é preciso chegar quase até o cristianismo. Aqui, Deus é homem, não somente pelo aspecto físico sob o qual ele se manifesta temporariamente, mas ainda pelas ideias e sentimentos que exprime".[150] Dessa maneira, a teologia cristã apregoa Deus à imagem e semelhança dos seres humanos, e a inversão destes papéis acaba ocorrendo e confundindo as fronteiras do sagrado, quando, na devoção popular às almas, as pessoas após a morte assumem a semelhança divina, por causa das associações que são construídas em torno de seu falecimento com a morte de Cristo. Principalmente quando essa morte adquire aspecto vitimário ou expiatório. Ou seja, quando um inocente morre de forma indefesa, como é o caso de crianças, ou quando alguém morre em defesa de uma causa ou situação como é o caso dos mártires. Elas ganham, no imaginário religioso popular, aspectos divinos e passam a ser cultuadas como defensoras ou possibilitadoras de milagres, que são características divinas. É isso que ocorre também no interior de São Paulo, na cidade de Maracaí, onde se encontra o túmulo do "Menino da Tábua", outro ícone da devoção marginal.

O culto à alma dessa criança ganhou visibilidade através da divulgação por meio fonográfico, a chamada "moda caipira", gênero musical muito difundido no interior paulista. A dupla sertaneja Pardinho e Pardal foi a que mais contribuiu para a expansão dessa devoção, elaborando e cantando letras

---

[150] Idem.

que falam dos milagres feito por um menino que vivia sobre uma tábua e que, ao morrer, passou a arregimentar pessoas em seu túmulo, atraídas pelos acontecimentos extraordinários a ele atribuídos.

> Essa dupla conseguiu transformar a cidade de Maracaí – lugarejo de 10 mil pessoas, no interior de São Paulo – num ponto de romeiros. É que em função das músicas "O Menino de Tábua", "Os Milagres do Menino de Tábua" e "Capela do Menino de Tábua", milhares de fiéis passaram a procurar a cidadezinha nos fins de semana em busca do menino milagroso [...].[151]

Encontramos dois desses três títulos acima mencionados. O primeiro deles, intitulado O Menino da Tábua, fez com que, no final da década de 1970 e início dos anos 1980, houvesse um grande fluxo de romeiros até esse local, motivados por esse canto que se tornou muito conhecido entre os paulistas por exaltar o fato, considerado extraordinário. Como os próprios autores confirmam numa outra letra (que surgiu por causa do grande sucesso da primeira): "tornou-se um hino na voz do meu povo" (*sic*).

São vários os fatores que motivaram as romarias e peregrinações até o espaço sagrado onde esta infante alma é venerada, e que a letra do canto evidencia. Uma delas é que há a afirmação de que a história é real e extraordinária ("no mundo não existiu nada igual"). A busca por fatos extraordinários é uma das carac-

---

[151] Informação extraída da página Viola Tropeira.

terísticas das devoções populares, e com as devoções marginais não é diferente. Pelo contrário, é fato fundante desta devoção. Só um acontecimento extraordinário, fora do comum, portanto milagroso, faz com que as pessoas busquem determinado local, consagrando-o, como pudemos conferir anteriormente. O Cemitério de Maracaí, onde se encontra sepultado o menino, tornou-se um território sagrado.

O outro dado que o canto apresenta, que ajudou a divulgar e popularizar a devoção, é a similaridade com a realidade socioeconômica dos que a manifestam. O menino milagreiro nasce numa família humilde ("...de um casal de lavradores, muito humilde e plebeu"). A maioria dos que procuram seu túmulo em busca de milagres pertence à mesma classe social do "menino santo". São lavradores, operários, empregadas domésticas, trabalhadores autônomos ou desempregados, enfim, pobres. Há também em comum a busca da cura de alguma enfermidade ou um mal congênito. A grande maioria se diz "desenganada" pelos médicos e recorre ao Menino da Tábua como a última esperança. Ali resgatam a fé, porque encontram muitos relatos de cura – evidência clara nas letras que descreveremos abaixo ("... e hoje muitos cristãos, milagres têm recebido. Doentes e aleijados já foram curados, por ele atendidos").

Vejamos, na íntegra, este hino ao menino milagreiro de Maracaí-SP:

> Eu vou contar esta história,/ ela é pura e real,
> que até hoje no mundo,/ não existiu outra igual.
> No interior de São Paulo,/ que esse fato aconteceu,
> Que um casal de lavradores,/ muito humilde e plebeu,
> Numa casa pobrezinha,/ uma criancinha um dia nasceu.

Mas só após muitos anos,/ que o fato foi alarmado,
Que a criança não crescia,/ deixando o povo abismado.
Pobre pai e pobre mãe,/ que aquele drama sentia,
Pelos mistérios de Deus,/ a criança não comia.
Só bebia leite e água,/ encima de uma tábua que ela vivia.

Deitado naquela tábua,/ que gostava de ficar,
Se colocasse no berço,/ não parava de chorar.
Encima daquela tábua,/ ele ficava contente.
Assim passaram os 20 anos,/ aquele anjo inocente.
Com 20 anos morreu,/ foi morar com Deus, eternamente.

Aquele pedaço de tábua,/ com ele foi enterrado,
Que nos seus anos de vida,/ foi o seu berço abençoado.
Como Menino da Tábua,/ ele ficou conhecido.
E hoje muitos cristãos,/ milagres têm recebido.
Doentes e aleijados,/ já foram curados, / por ele atendidos.

É lá em Maracaí/ que ele está sepultado.
Para mostrar gratidão,/ pelo milagre alcançado,
Muitos objetos estranhos,/ deixam lá em seu jazigo.
A ele eu sempre peço,/ que nos livre dos perigos;
Que nos dê a paz para o mundo
E em cada segundo esteja comigo.[152]

Além desse hino incentivador da devoção marginal à alma do Menino da Tábua, há outra melodia que nasceu por causa

---

[152] Pardinho & Pardal. "O Menino da Tábua". Letra de Mairiporã e Pardinho. In *CD 4 Azes*, Tião Carreiro & Paraíso – Pardinho & Pardal, Phonodisc, Latino (Warner/Chappel) 60409355, São Paulo, s/d.

do grande sucesso que essa primeira obteve entre a população interiorana. Essa segunda canção evidencia mais diretamente os milagres atribuídos ao "menino santo", como podemos conferir na letra a seguir, intitulada "Os Milagres do Menino da Tábua":

> Sobre o milagroso Menino da Tábua,
> com muito prazer eu vou falar de novo.
> Na outra canção eu contei sua vida,
> e tornou-se um hino na voz de meu povo.
> Um grande milagre que ele me fez,
> Não tenho palavras para agradecer,
> Porque nova etapa da minha vida,
> Com a ajuda dele eu consegui vencer.
>
> Alguns dos milagres que ele tem feito,
> Pra todos saberem eu quero falar:
> Um pobre menino já com 13 anos
> Com paralisia não andar.
> Seu pai fez promessa se o filho sarasse,
> Duas bicicletas ele compraria;
> Dava uma delas ao filho querido,
> E ao menino santo outra levaria.
>
> E o Menino da Tábua atendeu,
> Porque no outro dia o menino andou.
> E o pobre pai cumpriu a promessa,
> Duas bicicletas sorrindo comprou.
> Só pra comprovar aquele milagre,
> Também pra mostrar a sua gratidão,
> Levou a bicicleta e deixou lá no túmulo,
> Para todos verem está em exposição.

Uma enfermeira que mora em Assis,
De um mal incurável vivia a sofrer;
Já desenganada por uma junta médica,
Só esperava a hora chegar pra morrer.
Ela fez pedido ao Menino da Tábua,
No dia seguinte a mulher sarou.
Só pra comprovar que estava curada,
O exame negativo no túmulo deixou.

La no Cemitério de Maracaí,
Chegam romarias do Brasil inteiro;
Porque acreditaram na minha canção,
Por isso agradeço a todos romeiros.
Pra toda essa gente que faz promessa,
Vou saudar a todos e vai meu abraço.
E peço a Deus e ao Menino da Tábua,
Que abençoe a todos e guie seus passos.[153] (*sic*)

    O tema central dessa canção são os milagres atribuídos ao Menino da Tábua. Para que uma devoção a determinada alma se solidifique no meio popular é preciso que haja milagres, além de outros fatores contextuais que envolvem cada caso, como tivemos oportunidade de observar. Esse dado do "milagre" é também quesito decisivo para que uma determinada pessoa seja, oficialmente, reconhecida pela Igreja como santa. No caso oficial, o processo é burocrático e pode levar anos, enquanto no meio popular a comprovação se dá a partir da fé e da história oral e

---

[153] Idem. "Os milagres do Menino da Tábua". Letra de Mairiporã e Pardal. In *CD 4 Azes*, Tião Carreiro & Paraíso – Pardinho & Pardal, Phonodisc, Latino (Warner/Chappel) 60754680, São Paulo, s/d.

pode ocorrer de um dia para outro, basta alguém propagar que alcançou uma graça e atribuí-la a determinado "santo" ou pessoa falecida. Podemos observar esse aspecto em outros cemitérios, com situações menos expressivas.

No Cemitério da Quarta Parada, em São Paulo, capital, "[...] há ainda uma sepultura muito simples pintada de azul com a fotografia de um menino chamado Armando Luiz Rodrigues, que morreu em junho de 1967, aos três meses. Muitas pessoas atribuem graças ao garoto, e seu túmulo vive cheio de doces".[154] Esse também é um túmulo que ganhou fama dentro de um período obscuro da sociedade brasileira, auge do regime militar, com o desaparecimento de tantas pessoas, inclusive crianças. Pouco se sabe do fato inicial que levou as pessoas a acreditarem e a venerarem a alma do garoto, mas o que se diz na região é que ele "já fez vários milagres". Tais relatos podem ser visualizados na tumba do menino, o que motiva outros pedidos e exposições de novos casos a ele atribuídos, como ocorre com as demais devoções de cemitérios.

Para melhor visualização, reunimos a seguir, numa tabela, algumas das devoções de cemitérios relativas a crianças mais conhecidas do Brasil. Além dessas, há muitas outras, que convivem com os devotos de forma anônima e não muito expressiva, numa tarefa quase impossível de catalogação, mas que não deixam de ter uma força religiosa imaginária incomensurável, desempenhando suas funções sociais correspondentes ao meio em que estão inseridas:

---

[154] Informação extraída da página Viola Tropeira. Acesso em 20/05/2004.

Tabela de devoções a crianças

1	Ana Lídia Braga	Brasília-DF	"Padroeira das crianças"
2	Antoninho da Rocha Marmo	São Paulo-SP	Cemitério da Consolação
3	Armando Luiz Rodrigues	São Paulo-SP	Cemitério da Quarta Parada
4	Chaguinha	São Paulo-SP	Igreja dos Enforcados
5	Daniela/Janaína/M. Santa	Taubaté-SP	"As meninas de Taubate"
6	Débora	São Paulo	Cemitério da Vila Formosa
7	Iraceminha	Marília-SP	"A Santinha de Marília"
8	Maria Izilda de Castro	Monte Alto-SP	"Santa Izildinha"
9	Menino da Tábua	Maracaí-SP	Cemitério de Maracaí
10	Negrino do Pastoreio	Rio Grande do Sul	Rio Grande do Sul
11	Zezinho	Ribeirão Preto-SP	"O Menino Zezinho de Ribeirão"
12	Cezinha	São Paulo-SP	Cemitério da Penha
13	Menina Milagrosa	Concórdia-SC	Novo Cemitério de Concórdia-SC

Informações extraídas de diversas fontes.
Organizado por PEREIRA, José Carlos, Setembro de 2004

Além desse "santos infantes", encontrados nos cemitérios e classificados na tabela acima, existem muitos outros que povoam o imaginário religioso dos devotos. As devoções às almas de crianças são mais fáceis de se propagarem pelas características inerentes a elas, que são, no imaginário religioso popular, consideradas anjos, seres puros e sem maldade. Esse dado facilita visualizar na alma pueril uma aura de santidade que pode ganhar maiores dimensões, dependendo do caso.

8. O Culto a Objetos Milagrosos

O desconhecido, pela aura de mistério que o envolve, sempre aguçou curiosidades na mente humana. O mistério, no imaginário religioso, é passível de inúmeras, possibilidades o que exercita a criatividade da imaginação, possibilitando desencadear fatos e situações que são tidos como reais. Os milagres são frutos de situações extraordinárias, misteriosas; portanto, quando se atribui a um santo, a uma alma ou a um objeto que seja algo de misterioso; esse passa a ser possibilitador de milagres, elemento que fundamenta a devoção popular. O cemitério é um fértil campo para exercitar a imaginação, porque está envolto no desconhecido, no mistério da morte, onde medo e fascínio convivem com uma infinidade de situações que são criadas em torno desse "campo santo".

Em todo cemitério, em qualquer cidade, sempre há um ou mais túmulos de alguém que é visitado com frequência e a quem, de uma forma ou de outra, se atribui milagres. Muitos são de pessoas desconhecidas, envoltos em mistérios, como é o caso do túmulo da "Alma Milagrosa", do Cemitério de Franca. Segundo reportagem da Folha de Ribeirão, "esse túmulo atrai pelo menos 200 pessoas por semana em busca de curas e cumprimento de promessas. De acordo com a administração do cemitério, não se sabe até hoje quem está enterrado no local. Fiéis dizem que se trata de uma mulher, possivelmente escrava, morta no final do século XIX, de maneira cruel".[155] É possível registrar muitos relatos de milagres atribuídos à pessoa que está sepultada nesse túmulo, dizem os fiéis. Um deles foi colocado aqui:

> Meu filho teve câncer e quase morreu, mas a Alma Milagrosa intercedeu por ele, mesmo com os médicos dizendo que ele estava desenganado.[156]

A devoção "às almas desconhecidas" aponta para outras, muito próximas a essa, que são as devoções a certos objetos, principalmente se o mesmo tem vínculo com determinada situação ou pessoa fora do comum, ou ainda origem misteriosa ou outra forma extraordinária de manifestação ou surgimento entre certos grupos humanos. Tais objetos tornam-se tabus, funcionando como um interdito para muitas situações. Ninguém ousa desafiá-lo, por mais que tenham proximidade com o mesmo. Torna-se um elemento mágico.

Portanto, o que podemos perceber é que a devoção marginal não se restringe a devoções aos santos de cemitérios, pessoas conhecidas, reconhecidas ou mesmo desconhecidas. Mas também a objetos, que acabam se tornando verdadeiros símbolos teofânicos, sagrados e portadores de magia. Além dos já citados, como

---

[155] RODRIGUES, Ernesto. *Folha de Ribeirão*. Ribeirão Preto, s/d.
[156] Relato de Waldir Barbosa. In reportagem de Ernesto RODRIGUES. *Folha de Ribeirão*. Ribeirão Preto, s/d.

da "Santa Cabeça", da cidade de Cachoeira Paulista, e da Perna Milagrosa, de São José dos Campos, ambos do Vale do Paraíba, há outro, de bastante expressão, no Estado do Rio Grande do Norte.

Na cidade de Pedra Grande-RN, existe um ícone de devoção muito antigo. Segundo registros históricos, data de 1501. Esse marco foi fincado nesse litoral por navegantes portugueses e revelam dimensões intrigantes da devoção marginal, que também pode desencadear conflitos religiosos e expressar a violência como interface do sagrado.

Considerado o mais antigo monumento preservado do Brasil, o padrão, como é chamado esse tipo de marco, foi deixado em solo potiguar para atestar o direito de posse de Portugal sobre a terra recém-descoberta.[157]

Esse monumento, por ser um dos mais antigos e estar envolto a mistérios, como alguns dizem, e também por trazer um símbolo sagrado, a cruz, passou a ser cultuado pelas pessoas como algo capaz de realizar milagres. A pedra tem o formato de uma coluna, medindo 1,62 m de altura e 32,5 cm de largura. Traz em alto relevo, em uma de suas faces, além do símbolo da cruz, o escudo português. É conhecido hoje pelos devotos como *Santo Cruzeiro*. Foi erguido ao seu redor "uma espécie de altar, cemitério e capela".[158] Ali, fiéis depositam ex-votos, como réplicas de pernas, braços e cabeças de madeira e cera. Formas de agradecimento de graças obtidas.

---

[157] GUIBU, Fábio. "Marco português de 1501 vira objeto de culto milagroso no RN". Agência da Folha, em Pedra Grande., s/d.
[158] Idem.

Desde que o objeto passou a ser alvo de devoção, criou-se um impasse com as autoridades locais, que desejavam proteger o patrimônio histórico dos fiéis que, aos poucos, iam arrancando lascas da escultura para chás, pois, segundo os mesmos, possuiriam poderes medicinais. O monumento, tombado em 1962 pelo Sphan (Serviço do Patrimônio Histórico e Artístico Nacional), passou a ter maior proteção, o que não intimidou os fiéis na busca de relíquias e na prática de rituais de devoção, que acontecia ao seu redor. Essa relação conflituosa entre devotos e autoridades governamentais despertou uma outra face da devoção marginal: a violência. Deu-se uma espécie de guerra santa entre essas duas facções, conforme a descrição abaixo:

> "[...] Várias tentativas de transferências foram feitas, mas a população da região resistiu, armada de paus e facões". No final dos anos 1960, no auge do que já consideravam uma "guerra santa", os moradores esconderam o monumento por seis meses no morro dos Martins [...].[159]

Quanto mais resistências e obstáculos eram colocados na relação devocional com tal objeto, mais se acirravam as disputas pelo mesmo. Por um lado, as autoridades estavam preocupadas com o patrimônio de valor histórico que se depredava; por outro, os fiéis alegavam o valor simbólico e espiritual do mesmo, que muitas benesses trouxe para a comunidade local. Essa relação de conflito revela um aspecto inerente do sagrado, que é a violência, ao qual René Girard dedicou uma riquíssima obra,[160] que veremos mais adiante.

---

[159] Idem.
[160] GIRARD, René. *A violência e o Sagrado*. 2ª ed., São Paulo: Paz e Terra, 1998.

O referido objeto de devoção dos fiéis da cidade potiguar funciona como um exemplo de totem. É um símbolo antigo, que passou a representar a memória da coletividade daquela comunidade e tornou-se uma espécie de protetor da mesma. Tal objeto agrupa as funções do tabu e em torno do mesmo os fiéis deixam objetos, oferendas e praticam rituais que expressam os seus deveres e os da comunidade. Quando as autoridades locais tocaram nesse totem buliram com um tabu, desencadeando uma série de atos de violência. Muitos acreditaram que a retirada do objeto traria para a cidade muitas desgraças, uma vez que o contrário ocorre com a presença do mesmo. Ou seja, muitas graças são atribuídas a ele porque adquiriu valor totêmico.

Portanto, na devoção marginal, o culto a objetos sagrados tem características de religiões totêmicas porque se acredita que tal objeto é sagrado. "Émile Durkheim analisou religiões totêmicas e chegou à conclusão de que elas na verdade são maneiras de as pessoas adorarem sua própria sociedade, atribuindo poder sobrenatural aos tótens a ela associados".[161] É o que ocorre com o objeto sagrado aqui analisado ou com qualquer outra devoção a objetos. Ele tem a função de agrupar as pessoas ao seu redor, reproduzindo o referido grupo social, comunidade ou mesmo a sociedade local, tendo em vista que ele está intrinsecamente associado à mesma. "Os tótens são considerados representações dos elementos sagrados da própria sociedade, e não de divindades externas".[162] Por isso o surgimento do conflito quando o objeto foi

---

[161] JOHNSON, Allan G.. *Dicionário de Sociologia*. Guia prático da linguagem sociológica, p. 197
[162] Idem.

retirado daquela comunidade. Havia o medo de que ocorressem situações desastrosas porque tal interdito foi violado. Os objetos sagrados da devoção marginal são vistos com grande temor e reverência, uma vez que se acredita que qualquer comportamento impróprio em relação a ele poderá acarretar desgraças.

Essa relação totêmica com os objetos sagrados, presentes nessa categoria de devoção do catolicismo popular, tem estreita relação com a devoção às almas. Segundo Tylor e Wilken, "o totemismo seria uma forma particular de culto aos antepassados".[163] De acordo com Durkheim, grande parte dos objetos, plantas e animais cultuados como totem serviram de transição entre um elemento e outro. Na visão de Tylor, "grande número de povos acredita que a alma, após a morte, não fica eternamente desencarnada, mas vem animar de novo algum corpo vivo"[164], ou mesmo um objeto inanimado, como esse adorado na cidade de Pedra Grande-RN. De acordo com a concepção de Tylor, "o animal (nesse caso o objeto) que serve assim de receptáculo a um ser venerado, torna-se coisa santa, objeto de culto, em uma palavra, um totem [...]".[165] Essa relação devocional com os objetos sagrados, principalmente quando ele está relacionado à devoção às almas, pode ser classificada como uma relação totêmica. "O culto que também lhes é prestado vem do fato de que são considerados encarnações das almas dos antepassados".[166] Na concepção de Durkheim, esse tipo de devo-

---

[163] TYLOR. *Civilisation Primitive*, I, p. 465; II, p. 305; *"Remarks on Totemism, with especial reference to some modern theories concerning it"*, In J. A. I., XXVIII e I da nova série, p. 138. In Émile DURKHEIM. *As Formas Elementares de Vida Religiosa*, p. 216.
[164] Idem.
[165] Idem.
[166] Idem.

ção não é algo primitivo ou de pessoas iletradas, mas aponta para uma relação com uma categoria de religiosidade mais complexa. Afirma ele: "Portanto, longe de constituir fato primitivo o totemismo seria apenas o produto de religião mais complexa que o teria precedido".[167] No caso estudado aqui, tal relação é fruto de uma realidade religiosa sincrética, que assimila valores das diversas e distintas religiões que ajudaram a formar a religiosidade brasileira, principalmente as matrizes afro e indígena, sem excluir as características predominantes do catolicismo.

Um outro fato importante que Durkheim nos aponta ao analisar as relações totêmicas com determinados animais ou objetos é a relação com o espaço ou o território, como vimos no início deste trabalho. Tais objetos não são sagrados ou consagrados por si só, mas sacralizam também o espaço onde os mesmos estão inseridos, e a comunidade, que tem contato com eles, também se torna sagrada, embora possa não haver nenhuma ligação entre esses elementos. Diz Durkheim que "o que ele tem de original é que, aí, os totens não estão ligados nem a pessoas nem a grupos de pessoas determinados, mas à localidade. Cada totem, com efeito, tem seu centro em lugar definido".[168] O fato desse objeto ora analisado ter sido retirado de seu lugar definido criou um impasse entre a comunidade local e as autoridades. Implantá-lo em outro espaço não deu certo e, mesmo tendo um valor histórico, acabou perdendo o valor e o poder religioso. O local para onde foi levado o objeto não era santuário nem local de celebração de

---

[167] DURKHEIM, Émile. Origem das Crenças Totêmicas. Cap. V., I. In *As Formas Elementares de Vida Religiosa*, p. 217.
[168] Idem., p. 230.

culto ou próprio para rituais religiosos. Com a transferência do objeto, sob a alegação de preservação do patrimônio nacional, ocorreu uma desconstrução do espaço sagrado e, com isso, uma quebra de encantamento. O espaço, sem o objeto, deixou de ser espaço sagrado. Nesse local ocorriam práticas religiosas enquanto lá estava o objeto, o que distinguia esse espaço dos demais. Segundo Durkheim, "há religião a partir do momento em que o sagrado se distingue do profano, e vimos que o totemismo é um vasto sistema de coisas sagradas".[169] Esse totem sacralizou o espaço e possibilitou que a religião passasse a existir nesse local, mesmo que de maneira marginal, quando comparada à religião oficial. Mesmo como um lugar comum, adquiriu características que o distinguiam do espaço profano.

---

[169] Idem., p. 233.

9. Interfaces da Devoção Marginal: a Violência e o Sagrado

René Girard, ao analisar *Os Deuses, os Mortos, o Sagrado, a Substituição Sacrifical*[170], afirma que, nas culturas em que "os deuses encontram-se ausentes ou são insignificantes"[171], as almas dos mortos parecem substituir a divindade. No catolicismo popular não há a ausência de Deus, propriamente dita, mas ele é visto como algo distante e, muitas vezes, inacessível, o que carece de mediadores para se poder chegar até ele. Os mediadores mais convencionais, como já citamos, são os santos, mas há outras categorias de mediadores muito comuns no catolicismo popular, que são as almas dos mortos, como tivemos oportunidade de discorrer longamente. As almas têm a função de interceder junto a Deus pelo pedido do fiel. As almas, na devoção popular, são colocadas como intermediárias e, em muitos casos, parecem mesmo substituir a divindade. De acordo com Girard, os mortos "são considerados ao mesmo tempo

---

[170] GIRARD René. "Os deuses, os mortos, o sagrado, a substituição sacrifical". In *A Violência e o Sagrado*, p. 313-341.
[171] Idem., p. 318.

fundadores, guardiões zelosos e, se necessário, os perturbadores da ordem cultural".[172] Por isso há tanto respeito e reverência para com os mortos, principalmente se aquela pessoa teve uma morte fora do comum, como vítima de alguma tragédia ou assassinato. O morto parece continuar vivo, gerando uma crise no imaginário religioso. Segundo Girard, "a crise mostra-se como perda de diferença entre mortos e vivos, mistura dos dois reinos normalmente separados".[173] No imaginário religioso das devoções às almas, não se faz distinção de fronteiras entre esses mundos. O morto continua presente e interferindo no mundo dos vivos, como se ainda vivesse. É capaz de trazer benefícios e malefícios para os viventes. Lembremos o já citado caso dos "irmãos Canozzi", de Lages-SC, em que um mata o outro por ciúmes. No dia do velório, o assassino compareceu ao enterro do colega e, quando chegou, o defunto começou a expirar sangue, denunciando o agressor, assassinado em seguida pela população. O relato desse fato confirma a tese de Girard e mostra o quanto os mortos continuam interferindo no mundo dos vivos e são capazes de desencadear atos de violência. A violência desencadeada nesse caso tem a função apaziguadora. Depois da dupla tragédia ocorrida, foram sepultados um ao lado do outro e passaram a operar milagres no imaginário da comunidade, que visitam constantemente seus túmulos em busca de aplacar a violência cotidiana de suas vidas. Conforme Girard, "é esta a prova de que os mortos encarnam a violência, violência exterior e transcendente quando a ordem reina, novamente

---

[172] Idem.
[173] Idem.

imanente quando as coisas se degeneram, quando a reciprocidade maléfica reaparece no interior da comunidade".[174] Os fiéis interagem com os mortos como se ainda vivessem e atribuem a eles responsabilidades nos acontecimentos, tanto os de graça como os de desgraças, dependendo da ação do fiel em relação ao mesmo.

Nessa categoria de devoção, os mortos não substituem os deuses, como afirma Girard, mas se atribui a eles grandes poderes, inclusive o jogo da força e do desencadeamento da violência comum aos deuses. Retomamos aqui o questionamento de Girard, para responder à realidade aqui analisada: "por que os mortos podem encarnar o jogo da violência da mesma forma que os deuses?".[175] É o próprio Girard que nos ajuda a responder. Segundo ele, "a morte é a pior violência que alguém pode sofrer".[176] Nos casos aqui analisados ocorre um agravante, pois envolve o tipo de morte de que a pessoa foi vítima. Geralmente casos de violência extrema. Portanto, duplamente maléfica. A morte violenta interfere na comunidade e é preciso rituais para exorcizá-la. Girard afirma que, "com a morte, a violência contagiosa penetra na comunidade e os vivos devem proteger-se".[177] Muitos rituais praticados em cemitérios, onde se cultuam a alma de pessoas que foram vítimas de violência, visam a purificação e a expulsão da violência maléfica, que vitimou tal pessoa, e a busca de proteção contra outras formas de violência.

---

[174] Idem.
[175] Idem, p. 319.
[176] Idem.
[177] Idem.

Outro dado importante apontado por Girard é sobre a função social da morte e a relação que a alma do morto passa a ter com a comunidade. Afirma ele que, "independente das causas e das circunstâncias de sua morte, aquele que morre sempre se encontra diante de toda a comunidade numa relação análoga à da vítima expiatória. No caso das vítimas de violência, essa situação ganha dimensões mais evidentes. "A tristeza dos sobreviventes é acompanhada de uma curiosa mistura de horror e de reconforto propícia às resoluções de boa conduta".[178] Ela interfere na conduta da comunidade, que a tem como modelo, influenciando no correto agir dos fiéis. "A morte do indivíduo isolado mostra-se vagamente como um tributo a ser pago para que a vida coletiva possa continuar. Um único ser morre e a solidariedade de todos os vivos é reforçada".[179] A morte na devoção popular tem, portanto, uma função social. Ela "é experimentada e ritualizada segundo o modo da expulsão fundadora, ou seja, do mistério fundamental da violência"[180], que expulsa outros males, inclusive da própria violência, mantendo a comunidade unida em torno de um elemento comum que lhe promete devolver a paz e a tranquilidade.

É, em parte, esse aspecto da violência intrínseca que permeia o sagrado, ou seja, o culto às almas, principalmente as das vítimas de violência, que encontramos nesse campo. Girard afirma que "o pensamento etnológico dispõe-se a reconhecer, no seio do sagrado, a presença de tudo o que pode ser recoberto pelo

---

[178] Idem.
[179] Idem.
[180] Idem., p. 321.

termo violência".[181] É um pouco essa a nossa tarefa aqui neste capítulo: buscar reconhecer, no seio do sagrado, manifestado por meio da devoção às almas, a presença da violência, que divide o mesmo espaço, ora se distinguindo, ora se confundindo nesse campo religioso do catolicismo popular.

O que constatamos é que a devoção marginal, manifestada por meio do culto às almas, muitas vezes surge de um contexto de violência. A maioria dos casos anteriormente citados envolve algum tipo de violência física que vitimou a pessoa, cuja alma é cultuada como "santa". Recordamos o caso da "protetora das esposas espancadas", a mulher que, segundo a devoção popular de Guaraciaba do Norte, Ceará, tornou-se santa por ter sido vítima da violência do marido. Caso similar é o da "santa protetora da gravidez impossível", de Franca-SP, prostituta que, após ser assassinada, grávida, passou a ser cultuada como a protetora das mulheres que têm dificuldade de engravidar ou que correm risco de vida com a gravidez. Um outro caso de violência que ilustra e revela a interface do sagrado é o caso da menina Ana Lídia Braga[182], morta em 1973 e sepultada no Cemitério Campo da Esperança, em Brasília-DF. Contam os devotos que ela foi violentada e morta aos sete anos. Seu túmulo tornou-se centro de romarias depois que alguns "milagres" lhe foram atribuídos. Há ainda o caso da "Maria degolada dos amores contrariados", que foi degolada em 1899, no bairro do Partenon, em Porto Alegre-RS, pelo seu amante enciumado, um soldado da Brigada Militar Gaúcha.

---

[181] Idem., p. 323.
[182] Caso relatado na *Folha de S.Paulo*, p. C 4, Caderno Cotidiano, 8 de março de 2003.

Esses e outros tantos casos ilustram que essa categoria de devoção existe em consonância com os atos de violência. Além de serem casos que exemplificam uma situação de tragédia, eles surgem em contextos ou em algum momento de violência explícita, seja na vida de um grupo social ou do indivíduo. Podem ser casos de barbáries, como os acima relatados, ou situações conjunturais de violência. Sobrevivem amparados nesse referencial e ganham força quando vem à tona um caso similar. Nos grandes centros urbanos, onde encontramos todo tipo de violência – desde o assédio, a exclusão, até a violência física explícita ou oculta nos lares de todas as classes sociais –, há a necessidade de "protetores" virtuais no âmbito do sagrado, que apaziguam agressões reais, como veremos a seguir.

Segundo dados da Fundação Seade, o homicídio é a terceira causa de morte de mulheres em São Paulo, e essa realidade não é diferente no resto do Brasil. Houve, entre os anos de 1993/1995 e 1999/2001, um crescimento de 45,45% no número de assassinatos de mulheres em São Paulo. Entre os anos de 1993/1995 o índice chegou a 4,4% de mulheres vítimas de homicídio. Esse número subiu para 6,5% na pesquisa desenvolvida entre os anos de 1999/2001, o que mostra um índice alarmante de casos de violência contra a mulher, conforme nos mostra a tabela abaixo:

Causas de óbitos entre mulheres de 10 a 49 anos em São Paulo, em %			
N.º	Motivo	1993 / 1995	1999 / 2001
1.º	Doenças cerebrovasculares	8,6	8,2
2.º	Aids	8,7	6,9
3.º	**Homicídios**	**4,4**	**6,4**
4.º	Doenças isquêmicas do coração	4,6	5,2

5.º	Acidentes de trânsito	6,2	4,9
6.º	Câncer de mama	4,0	4,8
7.º	Outras doenças cardíacas	4,7	4,5
8.º	Mal definido	6,2	5,8
9.º	Demais causas	52,6	53,2

Segundo a pesquisa do Seade, divulgada em março de 2003, a cidade do Estado de São Paulo onde o índice de violência contra a mulher mais cresceu foi São José dos Campos, quando o aumento na proporção de homicídio nesse período (1999/2001) atingiu 87,5%, quase o dobro da média estadual.[183] Segundo essa mesma pesquisa, a região metropolitana, que inclui a capital paulista, teve um aumento de 48,21%, pouco acima da média do estado. Esses dados, segundo a pesquisa, referem-se a mulheres entre 10 a 49 anos. Dados mais recentes de violência contra a mulher foram divulgados pela OAB/SP, no início de setembro de 2004. Segundo a pesquisa, de janeiro a maio de 2004, "foram registrados na capital 21.888 casos com algum tipo de violência. Em todo o estado foram mais de 132 mil".[184] Se tomarmos em conta todo o país, os dados serão mais assustadores ainda. Segundo informações de Márcia Salgado, coordenadora geral das D.D.M.s (Delegacias das Mulheres), só no Estado de São Paulo,

---

[183] Cf. Fundação Seade. In *Folha de S.Paulo*, p. C4, 8 de março de 2003. Reportagem de Armando Pereira Filho.
[184] Cf. Dados da OAB/SP. Por Maria Elisa MUNHOL. In reportagem de Fernanda FERNANDES. "Estado de São Paulo tem 132 mil registros de violência contra mulher em cinco meses". Folha de S.Paulo, Caderno Cotidiano, 2 de setembro de 2004.

"os registros aumentam, em média, 5% a cada ano".[185] Segundo a mesma, a "ameaça e lesão corporal dolosa (com intenção) são os crimes com maior incidência de registros".[186] As penas para esses crimes são brandas, o que incentiva o agressor e aumenta a vulnerabilidade das agredidas, não restando outra alternativa a não ser se apegar a Deus e aos seus santos protetores, que, segundo o histórico da maioria deles, passaram por situações similares, como constatamos nas descrições feitas nos capítulos anteriores.

Maria Elisa Munhol, da comissão da Mulher Advogada da OAB/SP, afirmou à reportagem da Folha de S.Paulo que "os juizes aplicam em 99% dos casos a doação de uma cesta básica, o que não garante a punição e até incentiva o agressor. Disse ela: 'O agressor chega em casa e fala para a mulher: se eu soubesse que bater em você era tão barato, eu teria batido mais'".[187]

Esses dados de violência, quando cruzados com outros, além de gênero, pobreza e religião, revelam a interface do sagrado, que confirma a devoção marginal como uma categoria de devoção que explicita os laços com as situações de violência, ou que têm sua gênese num contexto de violência. A maioria dos pedidos deixados em bilhetes na capela dedicada à Isabel Maria da Conceição, "a protetora das esposas espancadas e traídas" de Guaraciaba do Norte, Ceará, são de mulheres vítimas de violência doméstica, praticada pelos maridos, amantes ou namorados, conforme a descrição de um dos bilhetes lá encontrados:

---

[185] SALGADO, Márcia. Coordenadora geral das DDMs. In; op.cit., 2 de setembro de 2004.
[186] Idem.
[187] MUNHOL, Maria Elisa. In reportagem de Fernanda FERNANDES. Op. cit. *Folha de S.Paulo*, Caderno Cotidiano, 2 de setembro de 2004.

ó finada Isabel, prometo vir aqui todos os meses e acender uma vela para sua alma, se meu marido deixar de beber e de me bater. (M. L. S)

A fundação Seade constatou que numa das regiões mais pobres do Estado de São Paulo, o Vale do Ribeira (sudoeste de São Paulo), onde está a cidade de Registro, foi constatado um dos maiores índices de violência contra a mulher, e uns dos piores indicadores sociais de pobreza. Armando Pereira Filho, da reportagem local da Folha de S.Paulo, confirma:

> É onde as mulheres têm a menor esperança de vida: 73,47 anos. A média feminina do estado é de 75,6 anos; na melhor região – a de Presidente Prudente, chega a 77,05 anos.[188]

Essa é uma região marcada não só pela pobreza, mas também pela violência. Diz a reportagem que "a média de estupros entre 1977 e 2001 na região de Registro é de mais de 57,30 por 100 mil mulheres. A média estadual é de 28,55".[189] Alto índice, quando comparado a outras regiões. Numa cidade como São Paulo, ou a região metropolitana, segundo a pesquisa, encontra-se na faixa de "19,97 casos por 100 mil mulheres"[190]. Portanto, é um índice alarmante, comparado à dimensão populacional e geográfica da região, o que reforça a tese da relação entre violência e exclusão social.

---

[188] Cf. Fundação Seade. In *Folha de S.Paulo*, P. C 4, 8 de março de 2003. Reportagem de Armando Pereira Filho.
[189] Idem.
[190] Idem.

No âmbito de Brasil esse número tende a aumentar. Segundo dados da fundação Perseu Abramo, o número de violência doméstica no Brasil atinge índices alarmantes, como nos mostra os resultados da pesquisa abaixo:

Números da Violência Doméstica no Brasil
33% das mulheres já sofreram algum tipo de violência física;
11% foram espancadas pelo menos uma vez;
Em 20% dos casos, a forma de agressão é branda, com tapas e empurrões;
Em 18% dos casos, a agressão é psíquica;
Ameaças com objetos quebrados e atirados e roupas rasgadas somam 15% dos casos
Mais de 50% das mulheres não pedem ajuda;
Em 53% dos casos, os maridos e parceiros são os principais agressores;
Os abrigos para as mulheres e seus filhos são indicados como melhor solução para 43% das pesquisadas;
21% delas apontam a criação de delegacias da mulher, e 13% citam o serviço gratuito por telefone para socorro e orientação.

Fonte: Pesquisa "A mulher brasileira nos espaços público e privado" com 2.502 mulheres de 187 municípios de 24 estados. Fundação Perseu Abramo.

Frente a essa realidade, para as mulheres o culto ou devoção à alma de pessoas falecidas, a maioria mulheres vítimas de violência, funciona como um elemento apaziguador do sofrimento, uma espécie de consolo, conforto, por saber que, em algum lugar, além da compreensão humana, existe alguém que as protege e intercede a Deus contra toda as formas de violência sofridas na vida real. Diante do descaso das leis e do Estado, a fé no transcendente torna uma opção necessária. É o que percebemos na fala de uma devota de Santa Maria Goretti (adolescente italiana que foi declarada santa depois de ter sido brutalmente assassinada por um jovem que queria estuprá-la). Disse-nos essa senhora:

> Toda noite, quando minhas filhas vão para a escola, peço a proteção de Santa Maria Goretti. A gente vê tanta violência por aí, que não dá para confiar em mais ninguém. Somente ela (a santa), que sofreu tamanha violência, poderá proteger, porque na polícia eu não confio, aliás, tenho é muito medo. Estamos desamparadas das autoridades [...] e se não nos apegarmos a Deus, em primeiro lugar, e depois, aos santos, nossos protetores, estamos perdidos.

Essa constatação reforça a tese de René Girard de que "o religioso sempre procura apaziguar a violência e evitar que ela seja desencadeada".[191] Foi o que confirmou outra senhora que teve o irmão brutalmente espancado, durante um assalto, em que quase perdeu a vida.

> Meu irmão só não morreu por Deus, porque ninguém fez nada por ele. Não quero vingança contra os que fizeram mal a ele. Só quero justiça. Meu irmão, graças a Deus, conseguiu se salvar. Se não fosse a fé que temos, talvez ele não estivesse mais aqui, porque, se esperasse pela polícia, hoje meu irmão estaria morto. O que houve com ele foi muito feio.

Segundo Girard, "as condutas religiosas e morais visam a não violência de maneira imediata na vida cotidiana".[192] A fé dessa senhora a fazia crer que a justiça divina viria no momento certo, possibilitando enfrentar com resignação a dor frente a uma

---

[191] René Girard. *A Violência e o Sagrado*, p. 33.
[192] Idem.

situação de impotência de se mudar a realidade. O religioso, nesse caso, segundo Girard, "domestica a violência, regulando-a, ordenando-a e canalizando-a para utilizá-la contra qualquer forma de violência propriamente intolerável, em um ambiente geral de não violência e apaziguamento".[193] A violência é transformada, a partir de concepções religiosas, em sacrifícios que funcionam, entre outras coisas, como antídoto contra a própria violência.

Quando aqui nos referimos a "sacrifício", recordamos os "rituais de penitência", como os rituais de mortificação, autoflagelo ou outras inúmeras formas de castigo que o fiel aplica a si mesmo como forma de pagamento de uma dívida com Deus ou um determinado santo, ou ainda, nos casos apontados aqui, às almas. Dentre esses está o ritual denominado "recomendação das almas". Corresponde a um ritual de penitência em sufrágio das almas do purgatório que geralmente acontece no período da quaresma.[194] Os dias escolhidos para esses rituais são as segundas (dia que na devoção popular se reza pelas almas), as quartas e as sextas-feiras, sempre depois das 21 horas. O ritual acontece da seguinte forma: um grupo de penitentes saem, em silêncio, de um lugar previamente determinado, que pode ser um cemitério ou outro lugar escolhido, e vai parando às portas de outros devotos, que aderem ao ritual. As paradas acontecem também nos cemitérios (onde há mais de um, como o caso de São Paulo), nas capelas de beira de estradas (no caso do interior ou nas zonas

---

[193] Idem.
[194] PEREIRA José Carlos. *O Encantamento da Sexta-feira Santa. Expressões do catolicismo no folclore brasileiro*. São Paulo: AnnaBlume, 2005.

rurais) e junto a cruzes que, geralmente, também se encontram nas beiras das estradas ou avenidas das cidades, como é o caso da que se encontra na Avenida Sumaré, em São Paulo, embaixo da estação do metrô Sumaré. Durante a caminhada ouve-se orações cantadas (os benditos) e jaculatórias (orações curtas, repetidas várias vezes, com muito fervor). Essas orações, vez por outra, são interrompidas para se fazer os pedidos pelas almas. Alguns grupos, principalmente no interior, durante esse ritual de penitência, usam matracas (instrumento que emite um som fúnebre, de tábua que bate uma na outra. Antigamente esse instrumento era o único permitido durante a quaresma, principalmente às Sextas-feiras Santas).

 Enfim, a identificação da violência como interface do sagrado, ou algo que permeia essa categoria de devoção analisada, permite-nos, como quer René Girard, adentrar na teoria do sacrifício e suas funções sociais na devoção marginal.

10. Funções Sociais do Sacrifício nas Devoções Marginais

Antes de abordarmos as funções do sacrifício nessa categoria de devoção, achamos por bem retomar o conceito de sacrifício. Quando falamos de sacrifícios ou dos atos sacrificiais, não nos referimos diretamente a ofertas de animais que são sacrificados como oferenda a uma divindade nem mesmo a sacrifícios humanos. Falamos de um tipo de atitude que envolve o conceito mais popular de sacrifício, ou seja, atos penitenciais, com função reparadora de pecados ou mesmo oferenda ao santo, como as práticas de autoflagelação, renúncia ou privação de algo, oferenda ou algo do gênero. São os rituais que provocam alguma dor ou privação para se atingir determinado fim ou agradecer o fim atingido. Essas práticas são típicas do catolicismo popular, mas podem ser constatadas em outros segmentos do catolicismo, ou mesmo em outras religiões não cristãs, nas quais a divindade se alimenta dos atos sacrificiais de seus fiéis. Usaremos aqui, para abordar o sacrifício na devoção marginal, algumas referências às categorias utilizadas por Marcel Mauss, Émile Durkheim e René Girard; embora os mesmos refiram-se a situações distintas, a matriz é a mesma. As origens das práticas sacrificiais do catolicismo popular estão vinculadas diretamente ao cristianismo que, por sua vez, tem vínculos com as religiões primitivas, às quais referem-se os autores citados.

As devoções marginais também têm suas formas de sacrifícios, e sua função (ou funções) não é muito distinta das devoções oficiais, como a do Cristo sofredor, que tivemos oportunidade de analisar em outros trabalhos. Aqui ela ganha características, além de pessoais, sociais, com uma gama de variações quase impossível de ser catalogada, mas sempre com a confiança da legitimidade do fato. Falamos aqui de duas categorias de legitimidade, uma divina, em que o fiel crê que tais atos são aprovados e desejados pela divindade que recebe tais sacrifícios, e outra como fato social. Mauss afirma que "as coisas sagradas, em relação às quais funciona o sacrifício, são coisas sociais"[195]; portanto, ambas estão intimamente vinculadas.

Em seu texto *Ensaio sobre a natureza e a função do sacrifício (1899)*[196], Marcel Mauss recorda, entre outras coisas, de três categorias de sacrifício: o *sacrifício-Dom*, o *sacrifício-alimento* e o *sacrifício-contrato*.[197] Na devoção marginal, talvez a categoria que mais se adeque é a de sacrifício-contrato, embora as demais não estejam descartadas. Por sacrifício contrato entenda-se aqui aquele tipo de sacrifício que foi combinado previamente entre o fiel e o santo em troca de algo. O voto (a promessa) corresponde ao contrato e a prática ritualística do ato sacrificial corresponde ao ex-voto (o pagamento da promessa). Segundo Mauss, se o contratante (o fiel) "quiser comprometer a divindade por meio

---

[195] MAUSS, Marcel e HUBERT, Henri. "Ensaio sobre a natureza e a função do sacrifício (1899)". In Marcel MAUSS. *Ensaios de Sociologia*, p. 226.
[196] Idem., p. 141-227.
[197] Idem, p. 141.

de um contrato, o sacrifício tem antes a forma de uma atribuição: o do *ut des* é o princípio".[198] Esse tipo de sacrifício, segundo Mauss, por ser o cumprimento de uma promessa já feita, tem um caráter expiatório.[199] Além disso, esse tipo de sacrifício-contrato funciona na devoção marginal como uma "economia de trocas simbólicas"(Pierre Bourdieu) entre o fiel e o "santo". Segundo Mauss, "o mais importante entre esses mecanismos espirituais é o que obriga a retribuir o presente recebido".[200] Existe uma força que move essa relação contratual entre o imanente e o transcendente (entre o fiel e a suposta divindade). "A força leva a retribuir uma coisa recebida e, em geral, a executar os contratos reais"[201], porque, na verdade, a promessa ou o sentimento de obrigação para com o santo é, para o devoto, um contrato real.

Na devoção marginal, a ideia de sacrifício tem o sentido de consagração, ou seja, de tornar as coisas sagradas. Sagrar um território, um espaço, um símbolo ou mesmo uma pessoa ou uma situação supostamente ainda não sagrada. O próprio Mauss confirma que "o termo sacrifício sugere imediatamente a ideia de consagração e poderíamos ser induzidos a crer que as duas noções se confundem".[202] Mauss afirma que "é bem certo que o sacrifício implica sempre uma consagração".[203] É quando uma situação, pessoa ou objeto passa "do domínio comum ao domí-

---

[198] Idem, p. 200.
[199] Idem.
[200] MAUSS, Marcel. "Da dádiva e, em particular, da obrigação de retribuir presentes". In Marcel MAUSS. *Sociologia e Antropologia*, p. 193.
[201] Idem.
[202] MAUSS, Marcel e HUBERT, Henri. "Ensaio sobre a natureza e a função do sacrifício (1899)". In Marcel MAUSS. *Ensaios de Sociologia*, p. 147.
[203] Idem.

nio religioso; é consagrado".²⁰⁴ A devoção marginal, por meio do sacrifício-contrato, possibilita a consagração de um espaço. A esse tipo de consagração corresponde a criação de novos territórios sagrados. É uma outra função do sacrifício; consagrar, tornar sagrado!

Uma outra função do sacrifício na devoção marginal é a de apaziguador da violência. Aqui recorremos à contribuição de René Girard, que vê no sacrifício a função de apaziguar ou despistar a violência e impedir a explosão de conflitos, sejam eles internos ou externos. As pessoas que cultuam devoções marginais como a das almas de pessoas vitimadas pela violência buscam nelas esse apaziguamento do qual nos fala Girard, que se dá por meio de práticas de oferendas que, em muitos casos, envolvem atos penitenciais.

Para Durkheim, a prática do sacrifício, a que ele se refere como "a instituição do sacrifício"²⁰⁵, revela "sob a forma mais elementar atualmente conhecida, todos os princípios essenciais de grande instituição religiosa que tenha sido chamada a tornar-se um dos fundamentos do culto positivo nas religiões superiores". Portanto, essas práticas que se encontram no catolicismo popular, de vertente marginal, estão presente também em todas as grandes religiões, diferindo apenas dos objetivos pelos quais se pratica tais atos.

Quando referimos as funções do sacrifício na devoção marginal, lembramos que têm muitas similaridades com as

---
²⁰⁴ Idem.
²⁰⁵ DURKHEIM, Émile. *As Formas Elementares de Vida Religiosa*, p. 405.

que Durkheim e Mauss referiram. Uma delas é a de criar entre as pessoas e a divindade (nesse caso Deus e as almas) afinidades, que Durkheim chama de *laços de parentesco*. Afirma ele que o sacrifício foi instituído "para manter e renovar entre os homens o parentesco natural que os unia primitivamente".[206] Com a prática de tais atos, o devoto procura conservar laços afetivos com a divindade devotada, o que possibilita ser atendido com mais facilidade quando a ela se dirigir. É uma troca simbólica.

Um dos atos mais comuns oferecidos aos mortos são as missas que os fiéis mandam rezar. Sobre isso Durkheim afirma que a mesma "resgata os pecados dos mortos e assegura aos vivos as graças da divindade". São atos que, além de manter vivo o vínculo do fiel com a divindade, funcionam também como desencargo de consciência e objetivam obter benefícios. Isso vale também para os atos penitenciais, que aqui classificamos como práticas sacrificiais. Um deles é o jejum. Essa prática é comum na Igreja Católica oficial e, de um modo geral, é legitimada e incentivada por ela. De acordo com Durkheim, "o jejum é expiação e penitência, mas é também preparação para a comunhão; chega a conferir virtudes positivas". O fiel que pratica tais atos sente-se purificado de seus pecados, portanto, mais digno de se aproximar dos espaços sagrados e, consecutivamente, incluído nos mesmos. Assim, o rito sacrificial tem também função integradora na comunidade, variando de acordo com as circunstâncias. Durkheim diz que "essa ambiguidade demonstra que a função real de um

---

[206] Idem.

rito consiste, não nos efeitos particulares e definidos que parece visar e pelos quais normalmente são caracterizados, mas em uma ação geral que, mesmo permanecendo, sempre e por toda a parte, semelhante a si mesma, é, no entanto, suscetível de assumir formas diferentes de acordo com as circunstâncias".[207] O ato praticado pelo fiel pode ser particular, mas está inserido num contexto social; portanto, passível de outros fatores inclusivos, nem sempre evidentes.

---

[207] Idem., p. 459.

Conclusão

Procuramos nesta obra ver com que luz as ciências sociais iluminam as manifestações religiosas que existem às margens da Igreja Católica oficial e, por conseguinte, seu funcionamento dentro dos espaços sagrados, muitas vezes inusitados, como os cemitérios e outros territórios que foram consagrados pelos fiéis porque neles ocorreram fatos que os tornaram sagrados.

O que fizemos foi uma classificação, em categorias, de diversas manifestações religiosas que existem no catolicismo. Utilizando uma expressão de Marcel Mauss, poderíamos também afirmar que "aquilo que procuramos fazer para a classificação poderia também ser tentado para outras funções ou noções fundamentais do entendimento"[208] do que seja devoção popular.

O que aqui nos propomos, por meio da classificação de certos conceitos, foi fazer uma imersão no catolicismo popular brasileiro e demonstrar que, para além dos rituais oficiais visíveis existem práticas e manifestações de certa forma "invisíveis" ou não reconhecidas pela Igreja, que permeiam a vida da popula-

---

[208] MAUSS, Marcel. "Algumas formas primitivas de classificação". In op. cit., p. 455.

ção tida como católica nas pesquisas censitárias, mas que não necessariamente caminham em consonância com as normas do culto religioso católico. Por esse motivo, classificamos como devoções marginais. Uma das mais expressivas é o culto às almas. É uma manifestação religiosa muito antiga, mas não oficializada, que engloba muitos elementos sincréticos. Durkheim a classificou como animismo e afirmou que o culto das almas não é algo primitivo, porque nessa categoria de manifestação religiosa se encontra o elemento fundante das primeiras noções de Deus construído à imagem do ser humano; o antropomorfismo. O antropomorfismo, segundo Durkheim, "é antes a marca de civilização relativamente avançada".[209] As religiões primitivas tinham como imagens divinas animais e vegetais. Dessas concepções de seres sagrados desprendeu-se lentamente a forma humana que se tem hoje. Segundo ele, "para encontrar um deus construído todo inteiro com elementos humanos é preciso chegar até o cristianismo". Aqui, Deus é homem em todos os sentidos (menos no pecado), segundo a tradição cristã. A concepção do homem construído à imagem e semelhança de Deus, difundida pelo catolicismo, possibilita confundir os papéis e abrir brechas para a criação de pessoas à imagem e semelhança de Deus. É um pouco isso o que ocorre quando uma pessoa morre e sua alma passa a ser cultuada como milagrosa. Ou seja, quando se atribuem a ela atributos divinos. Ocorre aqui o que chamamos de "inversão de papéis", confundindo as fronteiras do sagrado. De acordo com a afirmação de Durkheim, "assim, longe de ver por toda parte apenas seres semelhantes a si, o homem começou por pensar a

---

[209] DURKHEIM, Émile. *As Formas Elementares de Vida Religiosa*, p. 101-102.

si mesmo à imagem de seres dos quais diferia de modo específico".[210] O culto às almas dá a possibilidade de os fiéis acreditarem que seres humanos podem ser portadores de características divinas, suprindo a ausência de Deus e a sua inteligibilidade.

Tivemos oportunidade de indicar, no decurso desse trabalho, algumas manifestações religiosas do catolicismo popular, além das devoções das almas. Uma delas classificamos de devoção emergente, porque ressurgiram depois de anos de esquecimento. São santos que reapareceram no cenário do catolicismo popular com características que respondem às necessidades atuais, portanto tornaram-se "santos da moda". São santos que têm eficácia na resolução de problemas específicos, os chamados "santos especialistas". O culto desses santos ganhou espaço nos espaços sagrados e profanos, ampliando os territórios sagrados, rompendo com o conceito de espaço sagrado específico.

Ao demonstrar que a grande maioria das pessoas que vivem uma prática devocional marginalizada é mulher, destacamos a estreita relação entre gênero e devoção. Associado a esse dado, constata-se a conexão entre religião e violência. A religião com funções apaziguadoras da violência, enquanto a violência aparece nas devoções marginais como interface do sagrado. Essa característica se evidencia nas práticas sacrificiais dos devotos que utilizam atos penitenciais para sintonizar ou contatar a divindade.

---

[210] Idem, p. 102.

Bibliografia

ASSMANN, Hugo (org.). René Girard com teólogos da libertação. *Um Diálogo sobre Ídolos e Sacrifícios*. Petrópolis-RJ / Piracicaba-SP: Vozes e UNIMEP, 1991.

BANDEIRA, Giulianna. Catolicismo –Festas populares. In *Revista das Religiões*, Ano 1, n. 1, maio de 2003, São Paulo: Abril, p. 44-47.

BOURDIEU, Pierre. *A Economia das Trocas Simbólicas*. 2ª ed., São Paulo: Perspectiva, 1992.

BOURDIEU, Pierre; PASSERON, Jean-Claude. *A Reprodução*. Elementos para uma teoria do sistema de ensino. 3ª ed., Rio de Janeiro: Francisco Alves, 1992.

DURKHEIM, Émile. *As Formas Elementares de Vida Religiosa*. São Paulo: Paulinas, 1989.

ELIADE, Mircea. *O Sagrado e o Profano*. A essência das religiões. São Paulo: Martins Fontes, 1996.

FILHO, Armando Pereira. "Assassinato cresce 45% entre mulheres paulistas". In *Folha de S.Paulo*, Caderno Cotidiano, p. C 4, 8 de março de 2003.

FERNANDES, Kamila. "Protetora das espancadas é venerada no Ceará". In *Folha de S.Paulo*, Caderno Cotidiano, p. C 4, 8 de março de 2003.

FERNANDES, Fernanda. "Estado de São Paulo tem 132 mil registros de violência contra a mulher em cinco meses". *Folha de S.Paulo*, Caderno Cotidiano, 2 de setembro de 2004.

GASPAR, Eneida D. (org.). *Guia de Religiões Populares do Brasil – Rezas, símbolos, santos, ancestrais, deuses afro-brasileiros, ciganos, história.* Rio de Janeiro: Pallas, 2002.

GIRARD, René. *A Violência e o Sagrado.* 2ª ed., São Paulo: Paz e Terra, 1998.

____. *Um Longo Argumento do Princípio ao Fim.* Diálogos com João Cezar de Castro Rocha e Pierpaolo Antonello. Rio de Janeiro: TopBooks, s/d.

GUIBU, Fábio. "Marco português de 1501 vira objeto de culto milagroso no RN". Agência Folha, em Pedra Grande, s/d.

HOUAISS, Antônio. *Dicionário Houaiss da Língua Portuguesa.* Rio de Janeiro: Objetiva, 2001.

IBGE. Dados do Censo 2000.

JOHNSON, Allan G. *Dicionário de Sociologia – Guia prático da linguagem sociológica.* Rio de Janeiro: Jorge Zahar Editor, 1997.

JORNAL, *O Estado de S. Paulo*, 28 de fevereiro de 2002.

JORNAL, *A Notícia*, Lages, 3 de fevereiro de 2000.

JORNAL, *Da tarde*, 2 de novembro de 2001.

LÉVI-STRAUSS, Claude. "Le Sorcier et As Magie". Les Temps Modernes, ano 4, n. 41, 1949, p. 3-24. In *Anthropologie Structurale.* Paris: Plon, 1958.

____. "L'Efficacité Symbolique". In *Anthropologie Structurale.* Paris: Plon, 1958.

MAUSS, Marcel. *Ensaios de Sociologia.* 2ª ed., São Paulo: Perspectiva, 2001.

____. *Sociologia e Antropologia.* São Paulo: Cosac & Naify, 2003.

MAUSS, Marcel. A Prece. In *Ensaios de Sociologia*. 2ª ed., São Paulo: Perspectiva, 2001, p. 219-324.

____. Dom, contrato, troca. In *Ensaios de Sociologia*. 2. ed., São Paulo: Perspectiva, 2001, p. 351-372.

MAUSS, Marcel; HUBERT, Henri. Ensaio sobre a natureza e a função do sacrifício (1899). In *Ensaios de Sociologia*. 2ª ed., São Paulo: Perspectiva, 2001, p. 141-227.

MAUSS, Marcel; DURKHEIM, Émile. Algumas formas primitivas de classificação. In Ensaios de Sociologia. 2ª ed., São Paulo: Perspectiva, 2001, p. 399-455.

PEREIRA, José Carlos. *A Eficácia Simbólica do Sacrifício*. Estudo das devoções populares. São Paulo: Arte & Ciência, 2001.

____. Sacra Facere. Expressões corporais no catolicismo de *folk*. São Paulo: Arte & Ciência, 2004.

____. *Religião e Exclusão Social*. A dialética da exclusão e inclusão social nos espaços sagrados da Igreja Católica. Aparecida-SP: Santuário, 2009.

____. *Sincretismo Religioso & Ritos Sacrificiais*. São Paulo: Zouk, 2004.

____. A linguagem do corpo na devoção popular do catolicismo. In REVER – *Revista de Estudos da Religião*, São Paulo: PUC, vol. 3, novembro de 2003, p. 67-68.

PIERUCCI, Antônio Flávio. *A Magia*. São Paulo: PubliFolha, 2001.

REIS, João José. *A Morte É uma Festa – Ritos fúnebres e revolta popular no Brasil do século XIX*. São Paulo: Companhia das Letras, 1995.

REZENDE, Eduardo Coelho Morgado de. *Metrópole da Morte Necrópole da Vida*. 2ª ed., São Paulo: Carthago Editorial, 2000.

RIBEIRO, Keila. "Santos 'populares' atraem fiéis ao Vale do Paraíba". São Paulo: Folha Vale, 29 de dezembro de 2002.

ROSENDAHL, Zeny. *Porto das Caixas – Espaço sagrado da Baixada Fluminense*. São Paulo: USP, tese de doutorado, 1994.

SILVA, Armando. *Imaginários Urbanos*. São Paulo: Perspectiva, 2001.

VÉRAS, Maura Pardini Bicudo. *DiverCidade – Territórios estrangeiros como topografia da alteridade em São Paulo*. São Paulo: Educ, 2003.

VÉRAS, Maura Pardini Bicudo. *Trocando Olhare – Uma introdução à construção sociológica da cidade*. São Paulo: Educ & Studio Nobel, 2000.

VIOTTO, Décio. "O enigma da menina Izildinha". São Paulo: *Revista Época*, ed. 158, 28 de maio de 2001.

WEBER, Max. Sociologia de la comunidad religiosa. In *Economia e Sociedad I*, México – Buenos Aires: Fondo de Cultura Economica, 1964.